KB059833

대전환기 프레임 혁명

포스트 코로나,
사람 중심
경제로의 전환

**박세길** 지음

대전환기
변곡점에 앉음요

FRAME
REVOLUTION

북바이북

대전환기 프레임 혁명

2020년 6월 25일 1판 1쇄 인쇄
2020년 7월  3일 1판 1쇄 발행

**지은이**　박세길
**펴낸이**　한기호
**편집**　　도은숙, 정안나, 유태선, 염경원, 김미향
**디자인**　김경년(표지), studio moonphase(내지)

**마케팅**　윤수연
**경영지원**　국순근
**펴낸곳**　북바이북
　　　　출판등록 2009년 5월 12일 제313-2009-100호
　　　　주소 04029 서울시 마포구 동교로 12안길 14(서교동) 삼성빌딩 A동 2층
　　　　전화 02-336-5675 팩스 02-337-5347
　　　　이메일 kpm@kpm21.co.kr
　　　　홈페이지 www.kpm21.co.kr

ISBN 979-11-90812-04-7 03300

·북바이북은 한국출판마케팅연구소의 임프린트입니다.
·책값은 뒤표지에 있습니다.

·이 도서의 국립중앙도서관 출판예정도서목록(CIP)은 서지정보유통지원시스템 홈페
이지(http://seoji.nl.go.kr)와 국가자료종합목록 구축시스템(http://kolis-net.nl.go.kr)
에서 이용하실 수 있습니다.
(CIP제어번호: CIP2020024860)

# 들어가는 말

코로나19의 세계적 대유행으로 촉발된 일명 코로나전쟁은 사람들에게 엄청난 정신적(그리고 사상적) 충격을 안겨주었다. 수많은 논자들이 대전환기를 이야기하면서 패러다임 변화의 불가피성을 역설했다. 한국의 선도적 역할을 강조하는 견해도 곳곳에서 눈에 띄었다.

물론 대전환기는 이미 준비되고 진행 중인 시간표였다. 코로나전쟁은 이를 더욱 분명하게 깨우쳐주고 촉진했을 뿐이다. 대전환기는 수많은 영역에서 동시다발적으로 변화를 일으킬 것이다. 그 중에서도 결코 빼놓을 수 없는, 관점에서 따라서는 가장 중요할 수도 있는 영역은 사회경제 체제다.

이 책은 큰 틀에서 사회경제 체제 변화의 방향을 제시하면서 기초적 수준에서 개념 설계를 시도하고 있다. 앞으로 반복해서 강조하겠지만 이러한 시도가 옳고 의미가 있다면 다양한 실천적 검증을 바탕으로 집단지성이 논의의 유효성을 충분히 따지고 계속 발전시켜갈 것이라고 굳게 믿는다.

전작『두 번째 프레임 전쟁이 온다』를 통해 초보적 수준이나마 '사람 중심 경제'에 대한 이론을 제시했다. 많은 사람들이 큰 틀에서의 방향에는 일정한 공감을 표시했으나, 정작 실천의지가 담긴 신념으로 받아들이는 경우는 많지 않았다. 이는 매우 심각하고도 근원적인 문제였다. 그 원인을 찾아 나섰다. 결정적인 지점 세 가지가 발견되었다.

하나, 인식 체계의 전환.

사람들은 이전과는 전혀 다른 시각으로 세상을 해석하기 시작할 때 비로소 세상을 바꾸기 위한 행동에 나선다. 인식 체계의 전환은 세상을 바꾸는 출발이다. 사람 중심 경제에 대한 앞선 이야기는 암묵적 전제를 깔고 있기는 했어도 인식 체계의 전환을 명료하게 정식화하지 못했다.

둘, 실천적 검증.

인간 사회에서 진리 여부는 오직 실천적 검증에 의해 판가름 난다. 특히 사회 전반을 재구성하는 비전이라면 더욱더 엄격한 검증을 요구한다. 일반화 가능한 지점에서의 실천적 검증을 거칠 때 비로소 실현 가능한 이야기로 수용된다. 그런데 앞선 사람 중심 경제 논의는 그러한 검증 과정이 없었다. 실현 가능한 이야기 로 확신하기 어려웠던 것이다.

셋, 핵심 동력 규명.

실현 가능한 비전이 되자면 만인의 공감과 지지를 얻어야 하지 만 그것만으로는 부족하다. 제시된 비전에 절실한 이해관계를 갖 고 앞장서서 나설 핵심 동력이 있어야 한다. 사람 중심 경제로의 전환을 추진할 핵심 동력은 어디로부터 나오는가? 기존 논의는 이에 대한 명확한 답이 없었다.

사람 중심 경제 이론이 비전으로 수용되려면 이러한 세 가지 문제가 해결되어야 했다. 하나같이 쉽지 않은 과제들이었다. 세 가지 과제 모두 작가 개인의 능력을 완전히 넘어서는 성질의 것 이었다.

해답을 줄 수 있는 것은 오직 역사뿐이었다. 놀랍게도 지나온 역사는 그에 대한 해답을 제시하고 있었다. 작가는 이 역사를 해석하고 글로 정리해 전달해주는 사람일 뿐이다.

지난 수십 년간의 세계사 흐름은 자본주의가 '시장경제'와 '자본 중심 경제'라는 서로 성격을 달리하는 두 범주의 경제가 결합한 것으로서 둘은 완전히 다른 궤적을 그리고 있음을 입증했다. 이는 자본주의 세계의 모순을 해석하는 데에 매우 본질적인 지점에서 인식을 전환할 것을 촉구하는 일이었다.

코로나전쟁은 선진국이라는 환상 속에 은폐되고 미화되었던 구시대 낡은 질서의 치부를 드러냈다. 더불어 그 반대편에서 새로운 미래를 기약할 수 있는 결정적 지점들을 함께 드러내 보였다. 여러 나라 의료체계의 극적 대비를 통해 사람 중심 경제가 실현 가능한 미래임을 검증해주었다.

한국현대사는 역사적 사건을 계기로 정체성을 공유한 집단을 생성시키면서 정치세력화로 나아가게 한 역사였다. 1990년대를 거쳐 2000년대로 진입한 이후에도 그러한 패턴은 계속되었다. 그 결과로 사람 중심 경제로의 전환을 이끌어낼 핵심 동력도 준비되어왔다.

이 모든 것은 역사의 진행 방향에 대한 풍부한 '사회적 감'을 형성시키는 과정이었다. 코로나전쟁은 그 같은 사회적 감을 폭발적으로 증대시키는 역사적 계기가 되었다. 이 책은 역사가 던진 문제 해결의 실마리들을 바탕으로 한편으로 사회적 감에 호소하면서 더불어 사회적 감을 과학적 인식으로 발전시키는 데 기여하는 것을 목적으로 삼고 있다.

대전환기 인식 체계는 가장 고차원적 수준에서 전환을 요구받는다. 프레임 혁명은 이를 압축적으로 표현하고 있다. 프레임은 상반된 패러다임이 서로 충돌하는 구도를 가리킨다. 사람의 인식 체계는 일정한 프레임 안에서 패러다임 선택을 둘러싸고 형성된다. 대전환기는 익숙한 기존 프레임 안에서의 패러다임 전환이 아닌 프레임 자체의 교체를 요구한다. 새로운 프레임 안에서 해답을 찾는 프레임 혁명이 불가피해진다. 이 책이 프레임 혁명 고찰을 통해 시대를 읽는 안목과 통찰력을 키우고 새로운 미래를 기획하는 데 많은 도움이 되기를 바란다.

기존 세계를 뛰어넘는 새로운 미래 탐색을 목표로 정한 지 27년, 모든 것을 포기하고 매달린 지 13년 만에 길어 올린 결과이다. 녹록지 않은 여정이었다. 기존 통념과 교의를 뒤집으려는 시도는 엄청난 반발에 봉착해야 했다. 표현하기 어려울 정도의 냉소와 비난을 감수해야 했다. 의도와 상관없이 오랫동안 좌우 진영 모두로부터 거부당하는 경계인의 삶을 살아야 했다.

그만큼 흥미진진한 여행이기도 했다. 끊임없이 낯선 세계와 대면하면서 자유로운 탐색을 할 수 있었다는 점은 한 인간으로서 누릴 수 있는 최고의 호사였는지도 모른다. 코로나전쟁을 거치며 풍부한 영감을 얻을 수 있었던 것 또한 흔치 않은 행운이기도 했다.

소중한 깨달음도 함께 얻었다. 미래 사회의 진리는 과학적 이론과 상식의 눈이 만나는 지점에서 발견된다. 오만과 독선, 아집에서 벗어나 있는 보편적 상식을 지닌 시민들이야말로 최고의 스승이었다. 돌이켜 생각해보면 일부 세계를 지배하는 통념과 보편적 상식 사이에 존재하는 모순과 갈등을 해결하는 것이 나에게 던져진 일관된 숙제였다.

어쨌든 여기까지 왔다. 그저 진인사대천명일 따름이다. 긴 여
정의 일차 마침표가 되기를 간절히 소망한다.


2020년 6월 10일

박세길

# 차례

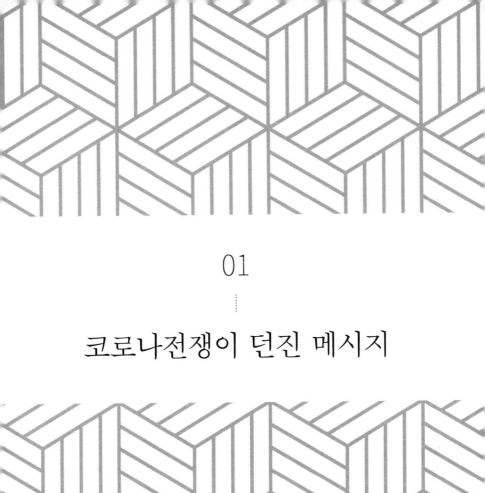

# 01

# 코로나전쟁이 던진 메시지

어느 현인이 등불을 들고 외쳤다. "사람들이여! 여기 우리가 가야 할 길이 있습니다. 저와 함께 갑시다!" 하지만 그를 따르는 사람은 거의 없었다. 일부 사람들이 관심을 갖는 듯했으나 이내 이상한 사람으로 대했다. 이유는 간단했다. 대부분 사람들 눈에 등불이 필요 없는 환한 대낮이었기 때문이었다. 눈에 보이는 대로 움직이면 별 탈 없다고 여길 수 있는 시간대였다.

밝은 대낮에는 사물이 눈에 잘 들어오지만 시야는 가시거리 안에 갇힌다. 그 순간 사람들은 눈에 보이는 것이 전부라는 착각에 빠지기 쉽다. 이러한 인식의 한계에서 벗어나게 해주는 것은 어둠이다.

어둠이 내리면 대낮에 보이지 않던 광막한 우주가 눈에 들어온다. 밤하늘에 반짝이는 수많은 별들을 통해 수천수만 광년 머나먼 공간을 응시할 수 있다. 이는 동시에 수천수만 년 전 머나먼 과거를 응시하는 것이기도 하다. 1,000광년 거리에 있는 북극성의 별빛은 과거 1,000년 전에 반짝인 것이었다. 어두운 밤하늘을 통해 우리의 인식은 시간과 공간의 한계를 넘어 무한히 확장된다. 어둠은 인식의 장애물이 아니라 해방자이다.

하나의 세계가 큰 탈 없이 정상 작동하는 조건에서 사람들은 새로운 세계에 별다른 관심을 기울이지 않는다. 새로운 세계에 대해 이야기하는 사람은 대낮에 등불 들고 외치는 사람으로 여겨지기 십상이다. 어둠이 대지 위를 덮으면 그제야 새로운 세계에 눈을 돌리며 등불을 찾는다.

## 어둠의 시대 한복판을 지나

인류의 역사를 되돌아보면 어둠이 온 세상을 짙게 덮었던 시기가 있다. 1929년 대공황도 그중 하나이다.

대공황 이전 자본주의 세계를 지배했던 사조는 시장방임주의였다. 사람들은 애덤 스미스가 설파했던 대로 시장은 보이지 않는 손에 의해 스스로를 조절할 능력이 있으며, 시장에 모든 것을 내맡길 때 효율적 자원 배분을 통해 최상의 결과를 낳을 수 있다고 믿었다. 국가는 밤중에 도둑이나 지키는 최소한의 역할에 머물러야 했다. 국가의 시장 개입은 지극히 위험한 사고로 불온하게 여겨졌다. 사람들은 시장방임주의를 넘어서는 새로운 세계를 상상하지 않았다. 하지만 대공황은 사람들로 하여금 전혀 새로운 세계에 눈뜨도록 만들었다.

미국에서 시작된 1929년 대공황은 아무 탈 없이 잘나가던 세계가 일순간에 쑥대밭이 될 수 있음을 입증했다. 대공황의 충격으로 1930년 7월 월가의 주가는 1929년 9월 1일의 8분의 1밖에 되지 않았고 미국의 공업생산고는 1929~1931년 기간 동안 약 3분의 1로 줄어들었다. 그 여파로 전 세계적으로 무역량은 최고 70%나 줄었으며 5,000만 명이 넘는 실업자가 생겨났다.

대공황의 여파가 끝없이 펼쳐지면서 시장의 자율적 조절 기능에 대한 믿음이 맥없이 깨져갔다. 당시 상황에서 위기의 시장을 구원할 수 있는 것은 오로지 국가뿐이었다. 실제로 대공황 위기는 미국의 뉴딜 정책 등 국가의 전면적 개입을 통해 가까스로 수습될 수 있었다.

대공황은 일순간에 눈앞이 깜깜할 정도의 엄청난 충격을 안겨다 주었다. 사람들의 사고는 짙은 어둠 속으로 빠져들었다. 사람들은 무의식적인 본능에 이끌려 새로운 세계를 찾아 나섰다. 그런 과정을 통해 비로소 국가 중심의 경제 운영이라는 새로운 세계로 발길을 옮길 수 있었다.

지금 이 순간 인류는 대공황 못지않은 대재앙에 직면했다. 코로나19 바이러스의 대공습으로 코로나전쟁에 휩싸인 것이다. 인간과 바이러스 사이에 벌어진 '코로나전쟁'은 세계대전의 양상을 띠면서 거대한 정신적 충격을 주고 있다. 수세기 동안 이어지던 숱한 신화가 이 전쟁으로 인해 허물어지고 있으며, 코로나19의 무섭도록 강력한 전파력만큼이나 빠르게 새로운 미래가 열리고 있다.

미국과 유럽, 일본 등 선진국들은 코로나전쟁에 직면해 속절없이 무너져 내렸다. 세계 최강국이자 부국인 미국은 확진자와 사망자 수에서 모두 가히 타의 추종을 불허할 정도로 높은 기록을 세웠다. 사망자 수는 2020년 6월 초 현재 11만 명을 넘기기에 이르렀다. 이는 미국인들에게 악몽으로 기억되는 베트남전쟁 시기 사망자 수(5만 8,220명)를 훨씬 웃도는 수준이다.

코로나전쟁은 선진국이 모든 점에서 우월할 것이라는 환상을 가차 없이 깨트렸다. 코로나전쟁은 이른바 선진국들이 대부분 위기 대처 능력이 형편없는 늙고 병든 나라들임을 적나라하게 드러냈다. 무엇보다 취약성을 드러낸 의료는 생명을 다루는 그 사회가 갖추어야 할 가장 기본 분야가 아니던가? 코로나19 바이러스는 기저질환이 있는 연로한 사람들의 생명을 집중적으로 위협한 것과 유사하게 늙은 국가들에 대해서도 동일하게 작용한 것이다.

이 모든 현상은 선진국들의 사회경제 체제가 근본적 결함을 지니고 있지 않느냐는 의문을 품게 하기에 충분했다. 어쩌면 코로나전쟁은 근대 이후 지속된 서구 중심 시대에 조종을 울리는 역사적 사건이 될지도 모른다. 서구 사회 시스템에 대해 비판적으로 성찰해야 하는 때라는 말이다.

그동안 한국 사회는 미국과 유럽으로부터 강력한 사상적 영향을 받아왔다. 주로 보수는 미국의, 진보는 유럽의 영향을 강하게 받았다. 미국과 유럽이 각각 중요한 판단의 기준이자 표준으로 작용한 탓에 우리 사회 자체가 종종 타율적이고 의존적인 사고에 젖는 편향을 띠기도 했다.

진보 세계에 속한 많은 사람들은 북유럽, 독일 등을 포함해 어느 나라 모델을 따를 것인지를 고민해왔다. 한국은 늘 유럽의 어느 나라인가를 뒤쫓아 가야 하는 추종국 신세에 머물러 있었다. 의제 선택과 정책 프로그램 개발 역시 상당 정도 유럽산을 수입해 가공하는 경우가 많았다. 우리 환경에 맞는 독자적 모델을 개발하려는 시도는 망상으로 여겨지기 쉬운 분위기였다.

미국과 유럽 모두 다른 곳과 마찬가지로 우리가 배우고 흡수해야 할 자양분이 많은 것은 사실이다. 하지만 엄연히 사회적 환경이 다른데도 이들을 절대적 기준처럼 간주해온 점은 전면적으로 재검토할 필요가 있다. 코로나전쟁은 우리 스스로 새롭게 기준을 세울 것을 요구하고 있다.

코로나전쟁이 여전히 진행 중이고 곳곳에 복병이 도사리는 상황에서 속단하기 이르지만, 한국은 성공적인 방역으로 세계가 주목하는 나라로 떠올랐다. 국민들의 자발적 협력, 뛰어난 의료 역량, 탄탄한 ICT 기술력, 정부의 효과적인 대처 등이 빚어낸 종합적 결과다.

무엇보다 국민들의 자발적인 협력이 매우 높은 수준에서 구현되었다. 미국과 일본 등 선진국에서 흔하게 일어났던 사재기도 거의 일어나지 않았다. 원인을 두고 다양한 분석이 있었지만 분명한 점은 다른 사람이 사재기를 하지 않을 거라는 믿음이 있었다는 사실이다. 나만 하지 않으면 손해를 볼 수 있다는 죄수의 딜레마에 빠져들지 않았던 것이다.

감염 확산 방지에 결정적 기여를 한 전 국민 마스크 쓰기는 기적에 가까웠다. 자신의 보호와 타인에 대한 배려가 동시에 작용한 결과였다. 국민 한 사람 한 사람이 방역 주체라는 자각이 실천으로 옮겨진 대목이었다. 일부 논자는 동서양 문화 차이의 결과로 분석하기도 하지만 높은 자각과 실천적 의지가 뒷받침되지 않으면 결코 가능하지 않은 현상이었다.

한국은 감염 위험자의 자가격리와 휴교, 일부 다중이용시설 폐쇄 이외에는 특정 지역에 대한 봉쇄나 미국과 유럽에서 일반화되었던 외출금지, 이동제한 등의 조치가 없었다. 국가 전체가 셧다운되는 상황까지 가지 않았다. 대부분 국민의 자발적인 사회적 거리두기로 위험을 극복했다. 신천지교회발 확진자가 대규모로 속출한 대구 지역 시민들은 들어오지도 못하게 하고 나가지도 않는 '셀프 봉쇄'를 선택해 타 지역으로의 감염 확산을 저지했다.

이러한 모범적인 위기 대응으로 인해 한국을 바라보는 세계의 눈빛이 사뭇 달라진 것을 반영하기라도 하듯 국내외 많은 논자들 입에서 한국이 세계사 흐름을 선도해야 한다는 이야기가 쏟아져 나왔다. 일각에서 경계의 목소리를 높이고 있다시피 너무 앞서가는 주문일 수도 있지만 그간 한국의 위상과 역할에 비추어 보면 매우 의미심장한 변화가 아닐 수 없다.

분명한 사실은 코로나전쟁을 거치면서 한국인의 의식과 심리에 각별한 변화가 일어났다는 점이다. 한국인들은 남이 세운 기준에 따라 사고하고 행동하던 지긋지긋한 습성에서 빠르게 벗어나기 시작했다. 맹목적 추종 대상을 비판적 시각으로 대하면서 자신이 품고 있는 가능성에 새롭게 눈떴다. 이는 촛불시민혁명으로 폭발했던 잠재력에 대한 자각일 수도 있다.

촛불시민혁명은 온 세계가 혼돈 속을 헤매고 있던 시기에 미래지향적 흐름을 선보였다는 점에서 의미가 매우 특별한 사건이었다. 촛불시민혁명은 절대다수 국민들이 지지하고 동참하며 비폭력 평화집회를 통해 정치적 목표를 달성한 더없이 아름다운 혁명이었다. 뒤에서 더 자세히 살펴보겠지만 촛불시민혁명은 자신만의 독특한 집회 문화를 통해 개방성, 수평성, 다양성이라고 하는 미래 사회 작동원리를 거대한 집체 행위로 선보였다.

코로나전쟁은 거의 모든 사람이 직감하고 있듯이 이전 시대와 이후를 확연히 갈라놓는 역사의 변곡점이 될 것으로 전망되고 있다. 이는 곧 대전환기, 대변혁기가 도래하고 있음을 알리는 것이기도 하다.

## 사상이라는 이름의 등불

대전환기에 인간은 크게 세 부류로 나뉜다. 변화를 좇지 못하고 도태하는 사람, 변화에 잘 적응하는 사람 그리고 세 번째는 변화를 적극 주도하는 사람이다. 이 글을 읽는 사람이라면 누구나 변화를 적극 주도하고 싶어 할 것이라 믿는다. 과연 변화를 주도하기 위해 움켜쥐어야 하는 요소는 무엇인가. 해답을 찾으려면, 인간의 뇌를 주목할 필요가 있다.

뇌라는 작은 우주가 일으키는 현상은 지극히 심오하면서도 강력하다. 의식은 인간의 뇌가 일으키는 현상이다. 의식 중에서도 가장 고차원적인 영역은 사상이다. 사상은 인간을 지배하는 강력한 요소이다. 사상은 세계에 대한 총체적 인식을 바탕으로 사물에 대한 통일되고 일관된 관점과 태도를 갖도록 해주며 일정한 방향을 향해 자발적으로 움직이도록 만든다. 그런 점에서 사상이 미치는 영향은 강제력을 수반하는 법 제도보다도 강력하고 우월하다. 중국 역사상 오랜 기간 영향력 측면에서 죽은 공자가 살아있는 황제를 압도할 수 있었던 이유이다.

사상이 체질화되고 생활화되면 사상문화가 된다. 사상문화는 개인행동만이 아니라 사회 변화에도 결정적 영향을 미친다. 그동안 이를 뒷받침하는 대표적 사례로 영국의 산업혁명을 들어왔다. 영국의 역사가 에릭 홉스봄은 영국이 산업혁명에 가장 먼저 성공할 수 있었던 이유에 대해 의미심장한 분석을 했다. 그에 따르면 영국 산업혁명 성공은 경제적 요인에 따른 것이 아니었다. 영국은 과학기술과 교육이 앞서 있었던 것도 아니고, 교역의 요충지도 아니었으며, 딱히 지하자원이 풍부했다고 볼 수도 없었다. 영국 산업혁명의 결정적 요소는 돈 버는 것에 최고의 가치를 부여하고 마음먹으면 큰돈을 벌 수 있었던 부르주아 사상문화의 확립이었다.

새로운 시대는 새로운 사상의 등장과 함께 열린다. 근대 이후 여러 차례 국면 전환을 겪었던 경제사는 이를 생생하게 입증한다.

18세기 말 산업혁명은 애덤 스미스의 자유주의 사상과 함께 개막되었다. 애덤 스미스는 "우리가 매일 식사를 할 수 있는 것은 정육점 주인과 양조장 주인, 그리고 빵집 주인의 자비심 때문이 아니라, 그들 자신의 이익을 위한 그들의 계산 때문"이라는 유명한 비유를 들어 개인의 자유로운 이익 추구가 사회 전체의 이익 증대로 이어진다고 설파했다. 구시대 공동체에 의해 억압되었던 개인의 이익 추구에 도덕적 정당성을 부여한 것이다.

19세기 중반 자본주의 모순이 극에 달하면서 마르크스주의의 태동과 함께 사회주의 운동이 본격화되었다. 카를 마르크스는 투표권 부여는 고사하고 짐승보다 못한 취급을 받던 노동자 계급을 역사의 주역으로 부각시킴으로써 사고의 혁명적 전환을 이끌어 냈다. 마르크스주의는 한때 지구의 절반을 점령했다고 할 만큼 강력하고도 광범위한 영향을 미쳤다. 수많은 사람들이 마르크스주의를 실현하기 위해 기꺼이 자신의 모든 것을 바쳤다. 결국 마르크스주의를 교의로 받드는 사회주의 국가들이 빠르게 확대되기에 이르렀다. 붉은 깃발이 곳곳에서 휘날리면서 지구의 색깔마저 상당 부분 바뀌었다. 마르크스주의는 옳고 그름을 떠나 사상이 얼마나 무서운 힘을 발휘할 수 있는지 생생하게 입증했다.

1929년 대공황을 거치면서 시장방임주의가 퇴조하고 국가의 역할을 강조하는 케인스주의가 널리 채택되었다. 케인스주의는 국가의 개입이 유효수효 관리를 통해 시장의 원활한 작동을 도울 수 있음을 입증했다. 케인스주의가 작동하면서 자본주의는 1950~1960년대에 걸쳐 전례 없는 황금기를 누릴 수 있었다. 복지국가는 이를 기반으로 꽃을 피웠다.

1970년대 이후 선진 자본주의가 장기 불황의 늪에 빠지면서 또 다른 반전이 일어났다. 국가의 개입과 통제에 대한 믿음이 크게 흔들리면서 시장의 기능을 중시하는 신자유주의 사조가 크게 확산되었다. 시장 효율을 줄기차게 강조해온 프리드리히 하이에크가 사상적 대부로 떠올랐다.

2008년 글로벌 금융위기는 신자유주의의 몰락을 알리는 역사적 사건이었다. 신자유주의는 더는 지속 가능한 시스템이 아님이 분명해졌다. 하지만 신자유주의를 넘어설 새로운 사상은 쉽게 출현하지 않았다. 인류 사회는 신자유주의의 파편을 포함해 먼지 묻은 유산에 의지한 채 어지러이 배회했다. 황혼 무렵이었으나 아직은 대낮으로 느껴진 시대였다.

코로나전쟁을 거치며 인류 머리 위에는 다시금 어둠이 짙게 깔렸다. 새로운 세계로 인도할 등불이 절실한 상황이다. 대전환기 새로운 시대 설계는 문제를 전혀 다른 틀과 시각으로 볼 수 있을 때 가능하다. 총체적이고 본질적 인식을 바탕으로 새로운 사고 틀을 제시하는 새로운 사상의 정립이 필수적이다. 대전환기에 즈음해 변화를 주도하기 위해 움켜쥐어야 할 요소는 바로 새로운 사상이다. 그 누구인가 세상을 바꿀 가장 강력한 최첨단 무기가 무엇이냐고 묻는다면 우리는 주저 없이 이렇게 답할 수 있다. "새로운 사상이다!" 문제는 이를 어떻게 만드느냐다.

새로운 사상은 단순한 아이디어로 형성될 수 있는 성질의 것이 아니다. 그것은 세계의 본질적 변화에 대한 지난한 탐색과 치열한 실천적 검증을 통해 이루어지는 고난도의 지적 작업이다. 수천 가지 현상이 어떻게 연관성을 맺고 바뀌는지 면밀히 들여다봐야 하며 더불어 역사라는 냉혹한 심판자의 검증을 최대의 인내력을 갖고 지켜봐야 한다.

더없이 복잡해진 오늘날의 시대 상황에서 과거처럼 특정 사상가에 의존해서 새로운 사상이 정립되기를 기대하기는 어렵다. 지금은 집단지성(혹은 다중지성) 시대이다. 리눅스, 위키피디아 심지어 유튜브에 이르기까지 집단지성을 바탕으로 콘텐츠가 생성 축적되고 발전하는 추세이다. 대학교육의 일반화로 평균적인 지적 수준이 매우 높아졌을 뿐 아니라 인터넷을 중심으로 집단지성을 발휘할 수 있는 기술 환경도 비약적으로 발전했다.

인간의 뇌는 뉴런들의 교신으로 의식을 생성한다. 집단지성은 개인들의 네트워크를 기반으로 상호 교신을 통해 형성되는 사회적 의식이다. '사회적 뇌 활동'이라고 할 수 있다. 새 시대를 열 새로운 사상은 이 같은 집단지성을 바탕으로 생성될 수 있다.

이 과정에서 한 개인이 할 수 있는 최대치는 큰 틀에서 방향을 제시하고 기초적인 수준에서 개념설계를 시도하는 것이다. 앞으로 진행될 논의는 이런 목표에 의미 있게 기여하기 위함이다.

## 인간과 사회, 자연의 관계 재정립

본격적인 논의에 들어가기에 앞서 먼저 짚어봐야 할 지점이 있다. 불필요한 오해와 충돌을 방지하기 위함이다.

코로나전쟁을 겪으며 인간 중심 세상을 바꾸어야 한다는 이야기가 곳곳에서 나왔다. 코로나19의 세계적 대유행은 생태계 파괴를 지속해온 인간에 대한 자연의 보복이라는 관점도 많다. 기후 위기 심화로 지구가 인간조차 살기 어려운 곳으로 전락하고 있다는 경고 메시지로 받아들이기도 한다.

근대 이후 오랫동안 과학은 인간을 극도로 오만하게 만들었다. 인간은 과학의 힘으로 자연의 비밀을 모두 밝혀낼 수 있으며 자연을 완벽하게 점령할 수 있다고 믿기에 이르렀다. 그렇지만 어느 순간 극적인 반전이 일어났다. 과학은 인간이 함부로 범접할 수 없는 자연의 신비에 눈뜨도록 만들었다. 지구의 생성과 생명의 탄생, 인간의 출현이 얼마나 놀라운 기적인지를 깨닫도록 해주었다.

인간의 몸은 우주의 역사를 담고 있다. 지구를 구성하고 있는 원소는 100% 별에서 온 것이다. 별들이 수십억 년에 걸쳐 생성한 원소들이다. 그 원소로 이루어진 인간들은 예외 없이 '별에서 온 그대'이다. 태양계는 우리 은하 중에서 가장 평화로운 구역에 자리 잡고 있다. 그 태양계 안에서도 지구는 제일 평화롭고 안전한 위치에 있다. 목성은 우주 침입자로부터 지구를 지켜주는 역할을 한다. 지구의 구성 자체도 기적이다. 지구는 10여 개 이상 크고 작은 행성의 충돌 융합으로 이루어진 것으로 알려져 있다. 그 흔적이 맨틀로 남아 있으며 충돌 때의 운동에너지가 여전히 남아 맨틀 이동과 함께 지진, 화산 폭발 등을 유발하면서 지구를 살아 있는 행성으로 유지해주고 있다. 지구 위에서 놀라운 생명의 역사가 펼쳐졌고 그 진화의 끝자락에서 인간이라는 종이 출현했다. 우리 모두는 기적의 산물이다. 그 어떤 위대한 시인도 이 놀라운 기적의 역사를 제대로 묘사할 수 없을 것이다. 자연에 대해 인간이 어떤 태도를 취해야 하는지에 대한 근본적 성찰이 더없이 절실한 상황이다. 이 긴장의 끈을 잠시도 놓아서는 안 된다. 그런데 동시에 놓쳐서는 안 되는 지점이 있다.

스스로에게 질문을 던져보자. 우리는 진정 인간 중심 세상에서 살고 있는가? 누구나 알 수 있는 이야기이지만 이 세상은 자본이 중심이고 돈이 모든 것을 지배한다. 수많은 사람들이 돈의 노예가 되어 살고 있다. 세상을 지배하는 인간들이 자본의 무한증식을 위한 숙주 역할을 해왔다. 그 과정에서 자본의 이익을 극대화한다는 논리에 이끌린 무차별적 생태 파괴도 함께 일어났다.

인간과 자연의 관계는 인간과 인간의 사회적 관계와 깊이 맞물려 있다. 서로가 서로를 전제로 재정립되어야 하는 것이다. 인간과 자연의 관계 재정립은 자본 증식 중심의 사회적 관계를 재정립하지 않고는 제대로 이루어질 수 없다. 거꾸로 인간의 사회적 관계 재정립은 인간과 자연의 관계 재정립과 맞물려 이루어져야 한다. 인간은 자연의 지배자가 아닌 그 일부임이 명확해졌다. 인간은 우주 진화의 산물이고 그 최고점을 찍었지만 우주 진화의 법칙에서 조금도 벗어날 수 없다. 친환경 삶은 제일의 사회적 이익이 될 수밖에 없다.

우리는 이러한 전제를 엄격히 유지하면서 앞으로 인간과 인간의 사회적 관계가 어떻게 재정립되어야 하는지를 집중적으로 탐구할 것이다.

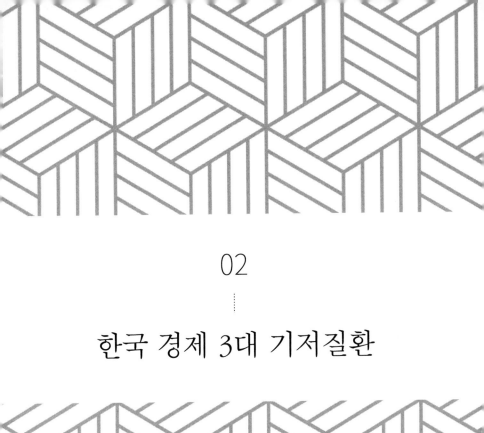

02

한국 경제 3대 기저질환

새로운 시대는 하늘에서 강림하는 것이 아니라 우리가 발 디딘 대지 위에서 싹을 틔우며 자란다. 미래는 우리 앞에 가로놓인 현재적 과제를 해결해나갈 때 그 윤곽을 드러낸다. 따라서 우리는 현실 조건을 엄정히 파악하는 것에서부터 출발해야 한다.

무엇보다 한국 경제가 어떤 조건에 놓였으며 어떤 과제를 안고 있는지부터 파악할 필요가 있다. 현재 한국 경제는 어림잡아 이명박 정부 이래로 지속된 3대 기저질환을 앓고 있다. 4차 산업혁명에 따른 일자리 감소, 초고령사회 진입에 따른 소비 시장 위축, 중국의 추월에 따른 수출경쟁력 약화가 그것이다.

# 4차 산업혁명에 따른 일자리 위기

주위에서 4차 산업혁명이라는 용어가 부쩍 자주 쓰인다. 그렇지만 엄밀하게는 3차 산업혁명 2기로 보는 것이 타당하다. 혁명이라고 하기에는 변별력이 부족한 탓이다. 1, 2, 3차 산업혁명은 모두 불연속적인 비약 국면이 있었다. 1차 산업혁명은 전근대 농업 사회에서 근대적인 공업 사회를 출현시켰다. 2차 산업혁명은 전기를 원동력으로 하는 대량생산 체제를 확립했다. 3차 산업혁명은 ICT기술을 바탕으로 디지털 문명을 꽃피우면서 경제의 지능화를 이루었다. 반면 4차 산업혁명은 3차 산업혁명과 구별되는 질적 비약 국면이 없다. 독립적인 산업혁명으로 간주되기 어려운 것이다. 앞으로 4차 산업혁명이라는 용어를 불가피하게 사용하는 경우가 있겠지만 모두 3차 산업혁명 2기라는 의미다.

경제의 지능화를 추구했던 3차 산업혁명은 2기인 4차 산업혁명에 이르러 한층 높은 단계로 도약하고 있다. 무엇보다 AI기술이 발전하면서 빅데이터 처리 능력을 포함해 기계 능력이 새로운 차원을 맞이하게 되었다. 그러한 변화는 과거 '인간의 기계화'와 대비되는 '기계의 인간화'로 표현될 수 있다. 기계가 인간의 고유한 능력 가운데 상당 부분을 체화하고 있는 것이다. 이를테면, 자동차 운전은 인간의 고유 능력에 속했지만 자율주행차가 등장하며 이제 상당 부분 기계의 몫이 되었다.

이러한 변화로 그동안 인간이 수행하던 노동 과정 대부분을 기계가 대체할 수 있는 수준에 이르렀다. 4차 산업혁명은 이미 이러한 '기술에 의한 노동의 대체'를 빠르게 진척시키고 있다. 고용정보원의 연구 보고는 다가오는 2025년 무렵 현재의 일자리 가운데 60% 이상이 사라질 것이라는 전망을 내놓기도 했다.

그러한 전망은 곳곳에서 현실이 되고 있다. 우리는 가는 곳마다 이를 눈으로 확인하고 있다. 제조 공장에는 로봇이 사람의 자리를 빠르게 대체하면서 무인공장이 등장하는 수준에 이르렀다. 삼성전자와 SK하이닉스가 2016년 반도체 산업에 합계 20조 원을 투자했지만 신규 고용은 900명에 그쳤다. 석유화학 업체인 한화토탈 대산 공장은 5,000억 원 이상을 투자했음에도 추가 고용 인원이 수십 명에 불과했다. 모두 사람의 업무 대부분을 로봇으로 대체한 결과였다.

기술에 의한 노동의 대체는 전통적인 제조 공장에 국한되고 있지 않다. 사무전문직 분야에서는 기밀유출 감시, 매출전표 처리, 출장비 계산 등 사무 업무는 AI 기계에 의해 빠르게 대체되고 있다. 유통업 역시 마찬가지이다. 대형 매장에서는 하루가 다르게 무인계산대가 늘고 있으며, 맥도날드 같은 음식점에서는 아예 무인주문기를 이용하는 것이 기본이다. 고속도로 톨게이트에는 요금 징수원이 사라지고 그 자리를 하이패스가 대체하고 있다. 이 모든 결과로 생산이 늘더라도 거꾸로 일자리가 줄어드는 단계에 이르렀다. 2016년 1조 원 이상 매출을 올린 182개 국내 상장사를 보면, 전체 매출은 8조 원 이상 늘었지만 고용은 도리어 1만 5,000명 줄었다.

기술이 노동을 대체하며 기존 일자리가 빠르게 사라지고 있지만 새로운 일자리 창출은 지체되고 있다. 일자리 위기가 심화하면서 새롭게 사회에 진입하는 청년들이 직격탄을 맞고 있다.

## 초고령사회 진입에 따른 소비 위축

의학 기술의 발전과 영양 개선 등으로 1960년 52.6세였던 한국인 평균수명이 빠르게 늘면서 이제는 100세 시대를 향하고 있다. 인간이 거둔 위대한 승리이자 축복이 아닐 수 없다. 하지만 현실은 재앙에 더 가까워지는 중이다. 무엇보다도 늘어난 수명을 뒷받침할 소득이 보장되고 있지 않다. 노후 복지를 보장하려고 도입한 국민연금은 애초에 평균수명 65세를 상정하고 설계된 것이었다. 설상가상으로 저출산으로 연금을 부어야 할 젊은 층이 적어지고 있다. 국민연금으로서는 지출은 비약적으로 늘어나는 데 반해 수입은 줄어드는 꼴이다. 이런 식으로 가다 보면 필연적으로 기금이 고갈될 수밖에 없다. 국민연금만으로는 답이 될 수 없는 것이다.

해답은 일부 논자들이 줄기차게 주장해왔듯이 인생 2모작으로 전환하는 것뿐이다. 평균수명 100세이면 60~80세에도 얼마든지 노동 능력을 발휘할 수 있다. 그에 맞는 새로운 일자리가 만들어져야 하는 것이다. 문제는 앞서 이야기했던 대로 기술에 의한 노동의 대체가 빠르게 진행되면서 기존 일자리마저 줄고 있다는 데 있다. 노년층에게 돌아갈 일자리가 적은 것이다.

평균수명 연장을 뒷받침할 수입이 보장되지 않은 상태에서 노령 빈곤이 심각한 수준에 이르고 있다. 사태는 여기서 그치지 않는다. 노년층 스스로 지출을 최대한 억제하면서 소비 위축으로 인한 저물가 현상이 구조화되고 있다. 급기야 디플레이션 위험마저 거론되는 상황에 이르렀다. 전 세계적으로 빠르게 퍼지고 있는 이른바 '일본병'이 엄습한 것이다. 디플레이션은 일본에서 확인되었듯이 기업 수익을 악화시키고, 이는 다시 투자를 감소시키면서 경기 침체를 심화시키는 악순환을 부른다. 디플레이션이 미치는 가장 치명적인 영향은 부채와 관련이 있다.

물가상승률이 마이너스로 돌아서면 화폐가치가 상승하면서 부채 상환 부담이 증가한다. 부채를 상환하지 못할 가능성이 그만큼 커진다. 거대한 부채의 연쇄 사슬로 형성된 경제 전반이 일순간에 파국으로 치달을 위험이 있다. 전 세계가 디플레이션의 현실화에 대해 극도의 두려움을 품고 있는 가장 중요한 이유이다. 잠시 뒤에 확인하겠지만 한국은 가계부채 등이 매우 심각한 수준에 이르러 있다. 결코 남의 나라 이이야가 아닌 것이다.

## 중국의 한국 추월에 따른 수출경쟁력 약화

1842년 영국에 의한 아편전쟁 참패를 계기로 굴욕의 세월을 보냈던 중국이 용틀임을 하며 세계 패권을 향한 행보를 거듭하고 있다. 이는 전 지구적 차원에서 지각변동을 일으키는 요인이 될 것이지만 한국에도 자못 심대한 영향을 미치고 있다. 무엇보다 거의 모든 주력 산업에서 중국의 추월이 현실화하면서 수출이 코로나전쟁 이전까지만 해도 30개월 넘게 줄었다.

과거 한국은 산업화를 추진하면서 일본으로부터 자본과 기술을 도입해 공장을 만든 뒤 일본산 부품 소재를 가공 조립해 수출하는 식으로 경제 성장을 도모했다. 한국의 수출이 증가하면 자동으로 일본 부품 소재 수출이 증가하는 관계가 형성되었다. 한국이 일본의 가마우지 역할을 했다는 평가가 나오게 된 배경이다. 하지만 한국은 절치부심의 세월을 보내며 독자적 기술기반을 구축하는 등 사력을 다해 일본을 추격했다. 그런 과정을 거쳐 2000년대 초반에 이르러서는 전자, 조선 등 많은 분야에서 세계 최강을 자랑하던 일본을 추월하는 데 성공했다. 도무지 불가능할 것 같았던 일을 해낸 것이다.

중국은 한국의 추격 전략을 그대로 답습했다. 개혁개방 이후 중국은 한국을 경제 성장의 모델로 채택했고 한국이 걸어간 길을 그대로 따랐다. 한국 기업의 중국 투자를 적극 유치한 뒤 한국 기술을 철저히 소화했다. 한국산 부품 소재를 가공 조립해 수출하는 식으로 경제 성장을 도모했다. 오랫동안 한국은 중국의 최대 수입국이 되었다. 중국이 한국의 최대 수출 대상국이 된 이유이기도 했다. 중국 역시 그러한 과정을 거쳐 독자적인 기술기반을 구축한 뒤 마침내 주력 산업 대부분에서 한국을 추월하기에 이르렀다.

익숙한 패턴에 따른 단순 기술경쟁으로는 이미 한국을 추월한 중국을 따라잡기가 쉽지 않아 보인다. 투자 규모에서는 비교 자체가 무색할 정도로 중국이 압도적인 우위에 있다. 4차 산업혁명 기술기반에서도 중국이 앞서고 있다고 봐야 한다. 베이징과 선전(深圳) 등을 무대로 4차 산업혁명을 선도하는 벤처기업이 크게 활성화되어 있다. 투자 환경도 한국보다 훨씬 잘 갖추어져 있다. 이러한 조건에서 중국은 공간의 크기로 시간의 한계를 극복하며 무섭게 질주 중이다. 지금과 같은 상태에서 벗어나지 못하면 중국의 추월이 장기화되고 구조화될 가능성이 높다. 수출로 먹고사는 나라라고 해도 과언이 아닌 한국에는 생존 자체를 위협하는 요인이다.

동시에 중국의 부상은 지난 몇십 년 동안 경험해왔듯이 우리에게 커다란 기회가 될 수 있다. 이는 앞으로도 유효하다. 생각하기에 따라 기회는 더 풍부해질 수 있다.

## 경제 질환과 사회 질환

코로나전쟁은 기저질환에 시달리던 한국 경제의 건강을 극도로 악화시켰다. 한국 경제의 기저질환은 구조적 성격이 매우 강하기에 코로나전쟁이 물러간다 해도 상당히 오랫동안 지속될 것으로 보인다. 기저질환을 치유하지 않고 건강을 되찾을 수 없으며, 건강 회복 없이 삶의 질을 개선할 수 없다. 새로운 시대를 열 대안은 반드시 한국 경제 3대 기저질환에 대한 치유책을 담고 있어야 한다. 한국 경제 기저질환 치유 없이는 극도로 악화된 불평등 문제도 해결할 수 없다.

한국은 외환위기를 거치면서 사회적 양극화 불평등이 극도로 심화해왔다. 중증 사회 질환을 앓아온 것이다. 한국은 최상위 1%의 재산 집중도가 2000년 22.7%에서 2014년 33.9%로 급격히 상승했다. 상승폭으로는 경제협력개발기구(OECD) 회원국 중 터키 다음으로 높은 수준이었다. 절대치는 38.4%인 미국 다음으로 높았다. 반면 근로소득 기준 하위 20% 실질임금은 1996년 이후 14년간 24% 줄었다.

GDP 대비 가계 소득 비중도 점점 줄기 시작했다. 기업소득은 외환위기 이후인 1997~2012년 기간 동안 연평균 9.4%씩 증가했지만, 가계소득은 5.5% 증가에 그쳤다. 주된 요인은 저조한 임금 상승이었다. 외환위기 이후 노동생산성 증가와 실질임금 증가

사이 간극이 벌어지면서 노동소득분배율은 1998년 79.5%에서 2010년 67.9%, 2019년 65.5%로 계속 줄었다.

양극화 심화의 결과로 가계부채가 급증했다. 부족해진 소득을 부채로 보충하면서 일어난 필연적 현상이었다. 2014년(6.5%) 한 자릿수에 머물렀던 증가율이 2015년(10.9%)과 2016년(11.7%) 잇따라 두 자릿수로 올라서며 가속도가 붙어왔다. 총액 기준으로는 2020년 1분기에 1,600조 원을 넘어섰다. 가구당 평균 부채는 8,000만 원 수준에 이르렀다.

경제 질환이 악화되면 될수록 그에 비례해서 사회 질환 또한 더욱 악화되기 쉽다. 우리는 코로나전쟁을 거치며 이 점을 적나라하게 확인할 수 있었다. 어려워진 경제 상황에서 우선적으로 밀려난 사람들은 늘 사회적 약자였다. 방역 차원의 불가피한 선택이었던 사회적 거리두기조차도 사회적 약자의 삶을 집중적으로 위협했다. 코로나전쟁을 겪은 2020년 1분기 경우 상위 20%는 전년도 같은 기간에 비해 소득이 6.3% 증가했다. 반면 하위 20%는 (정기적으로 지급되는 각종 수당·연금·급여 등) 공적이전소득이 늘었는데도 소득은 제자리였다. 그 결과 두 계층 소득 격차는 더 벌어졌다.

사태가 이러한데도 진보 세계에 속하는 많은 이들은 의외로 3대 기저질환에 대해 충분히 주의를 기울이지 않았다. 한국 경제에 대한 수많은 진단과 처방이 있어왔지만 정작 3대 기저질환을 심도 있게 다루는 경우는 많지 않았다. 이는 매우 심각한 현상이다.

그동안 나온 많은 처방들이 기저질환 자체를 치유하기보다 그로부터 생겨난 고통을 완화하는 데 초점을 맞추어왔다. 가장 흔하게 나오는 경우로서 세금 더 걷어 복지를 늘리자는 주장을 들 수 있다. 그 취지까지 나무랄 필요가 없겠지만 과연 어느 정도 현실성 있는지는 냉정하게 따져봐야 한다. 기저질환이 악화해 경제위기가 지속되는 조건에서는 세금을 더 걷는 것은 고사하고 정부가 기업 구제에 돈을 쏟아부어야 할 가능성이 더 크기 때문이다.

관련해서 1970년대 유럽 선진 국가들이 장기 불황 늪에 빠지면서 복지국가 운영에 빨간 불이 켜졌던 역사적 경험을 되돌아볼 필요가 있다. 더불어 복지국가에 명운을 걸었던 유럽 사회민주주의자들이 왜 정반대 흐름이었던 신자유주의로의 전환에 순응적 태도를 보였는지 되짚어볼 필요가 있다.

장기 불황이 지속되는 조건에서 누가 보더라도 복지국가의 정상 작동은 원천적으로 불가능했다. 사회민주주의자들이 보기에 문제투성이인 신자유주의조차도 경기 회복에 도움이 되면 어쩔 수 없이 받아들여야 했을 만큼 장기 불황이라는 늪에서 탈출하는 일은 절실한 과제였다.

경제 질환을 치유하지 않고는 사회적 양극화, 불평등 심화와 같은 사회 질환을 치유하기도 어렵다. 경제가 건강해져야 사회도 건강해질 수 있다. 유럽 복지국가 시스템이 자본주의 황금기 때 가장 원활하게 작동했음이 이를 잘 말해준다. 경제가 지속적으로 성장하고 기업소득이 증가할 때 임금 인상과 증세 등 복지국가 필수 조치들이 쉽게 이루어질 수 있었다.

## 기저질환 치유를 위한 시도들

그동안 한국 경제 3대 기저질환을 치유하려는 시도는 없었을까? 아니다. 다양한 시도들이 있어왔다.

먼저 시장의 핵심 주체인 기업들의 시도부터 살펴보자. 한국 경제가 중국의 추월을 허용했다는 이야기에서 핵심은 한국 기업들이 중국 기업들에 추월당했다는 데 있었다. 그런 점에서 기업들이 경쟁력을 회복하려고 어떤 시도를 했는지는 매우 중요한 의미가 있다.

중국의 추월을 따돌리려고 한국 기업들은 제 나름대로 사력을 다해왔다. 그 일환으로 비용 절감을 목표로 4차 산업혁명 기반의 자동화, 즉 기술에 의한 노동 대체를 강도 높게 추진해왔다. 덕분에 산업용 로봇 사용 부문에서 세계 1위를 기록할 수 있었다. 하지만 효과는 일시적인 것에 그쳤을 뿐, 도리어 경쟁력이 더욱 약해졌다. 의도했던 것과 정반대 결과가 나타난 것이다. 이는 본질적 인식을 요구하는 대단히 중요한 지점이다. 앞으로 우리가 집중적으로 파고들어야 할 주제이기도 하다.

기업들이 어려움을 겪을 때 구원 투수로 나선 것은 늘 정부였다. 정부 역시 한국 경제 기저질환을 치유하려고 다양한 시도를 해왔다. 첫 번째 구원 투수로 나선 곳은 이명박 정부였다.

이명박 정부가 기저질환을 앓는 한국 경제를 회생시키려고 야심차게 추진한 프로젝트는 4대강 사업이었다. 20조 원 이상의 거액이 투입되었지만 4대강 사업은 기대했던 결과를 만들어내지 못했다. 서울에 본부를 둔 1군 건설업체 위주로 시공업체가 선정되면서 지방 경제 활성화로 이어지지 않았다. 중장비 중심으로 공사가 진행되면서 일자리 창출조차도 제한될 수밖에 없었다. 그나마 인력의 3분의 1 정도는 중국인들로 채워졌다. 자금이 아래로 퍼져나가야 소비 확대로 이어지면서 경기부양 효과를 일으킬 수 있는데 그러기 어려운 구조였던 것이다.

두 번째 구원 투수는 박근혜 정부였다. 박근혜 정부가 출범과 함께 경제회생을 위해 역점을 둔 정책은 창조경제 활성화였다. 그 나름대로 4차 산업혁명에 조응한 정책이었으나 기대했던 결과를 낳지 못했다. 지역별로 창조경제혁신센터를 설립하면서 책임과 역할을 대기업에 분양했다. 고강도 혁신이 필수적인 과제를 안정 위주 운행에 익숙한 대기업에 맡긴 것이다.

이후 박근혜 정부는 규제의 대못을 뽑자며 규제 완화를 통한 투자 활성화에서 출구를 찾았으나 이 역시 성공을 거두지 못했다. 저마다 사정이 다른 조건에서 규제 완화가 일반 해법이 될 수 없었다. 새롭게 규제를 도입하고 기존 규제를 더욱 강화해야 하는 경우도 많았다.

이명박·박근혜 정부의 정책 실패는 저조한 경제 성적으로 이어졌다. 저조한 경제 성적은 부패와 연루되면서 정치 실패로까지 이어졌다. 박근혜는 탄핵 후 구속되었고 이명박 역시 뒤따라 구속되었다.

촛불시민혁명으로 탄생한 문재인 정부는 경제회생과 불평등 완화를 함께 실현하기 위한 시도에 착수했다. 이를 위해 동원한 대표적인 수단이 '소득주도 성장 정책'이었다. 문재인 정부가 의욕적으로 추진했던 소득주도 성장은 얼마 가지 않아 난관에 봉착했다. 불황이 지속되며 생존마저 버거운 경제 주체들이 다양한 형태로 저항했던 것이다.

문재인 정부가 최저임금 인상 등을 지렛대로 소득주도 성장에 시동을 걸자 이를 소화하기 어려웠던 사업주들은 사업 축소, 자동화, 해외이전 가속화 등으로 대응했다. '시장의 역습'이 일어난 것이다. 대체로 하위 계층 몫의 일자리를 감소시킬 확률이 높은 조치들이었다. 그 결과 소득주도 성장 정책이 의도했던 것과는 정반대로 소득 양극화가 더욱 심해지는 현상마저 생겨났다.

코로나전쟁을 거치면서 문재인 정부는 한국판 뉴딜 정책을 추진했다. 코로나전쟁으로 중요성이 부각된 비대면산업 등 미래형 산업에서 청년 중심의 공공일자리를 늘리겠다는 게 그 요지였다.

그린 뉴딜, 디지털 뉴딜 정책 등을 포함함으로써 한층 진전되고 세련된 정책을 제시했다.

1929년 대공황 이후 미국은 뉴딜 정책을 통해 경제 회복에 성공했다. 과연 그때처럼 문재인 정부의 한국판 뉴딜 정책이 경제 회생으로 이어질 수 있을까? 그에 대한 긍정적 해답을 얻으려면 뉴딜 정책이 한국 경제 3대 기저질환을 치유할 수 있다는 명확한 근거를 제시할 수 있어야 한다.

한국판 뉴딜 정책은 경제 상황이 최악으로 치닫지 않도록 하는 효과는 있을 것이다. 최소한 사망에 이를 수도 있는 환자를 살리는 응급처방 효과를 발휘할 수 있는 것이다. 일부 체질 개선과 생산성 향상 효과도 기대할 만하다. 하지만 3대 기저질환 치유 수단으로 충분히 기능할지는 의문이다. 과연 줄어들고 있는 일자리 문제에 충분한 해답을 줄 수 있을까? 초고령사회에 출구를 열어줄 수 있을까? 수출경쟁력을 회복시켜 중국을 추월할 수 있을까? 어느 것 하나 속 시원한 답을 주기가 쉽지 않다.

그동안 한국 경제 3대 기저질환 치유를 위해 동원된 수단들은 대체로 익숙한 기존 틀 안에서 찾은 것들이었다. 한국판 뉴딜 정책도 공공지출 확대를 통한 경제 활성화라는 고전적인 뉴딜 정책의 틀을 크게 벗어나고 있지 않다. 뉴딜 정책은 모두가 알고 있듯이 1929년 대공황 직후 미국에서 나왔다. 결코 새로운 것이 아니다. 한국판이라는 고유한 특성을 강조하지만 그마저 태양광, 5G

육성 등 기존 정부 정책을 크게 넘어선 것이 아니라는 비판적 시각도 적지 않다.

문제는 한국 경제 3대 기저질환을 치유하는 일은 익숙한 기존 틀 안에서는 해답을 찾기가 어렵다는 데 있다. 한국 경제 기저질환을 고치려면 체질을 바꿀 정도의 대형수술이 필요하다. 그에 반해 정부 정책은 중증 기저질환을 앓는 환자에게 진통제와 영양제를 투입한 수준을 크게 넘어서지 못한 게 사실이다. 2008년 이명박 정부 출범 이후 10년 넘는 시간이 흘렀음에도 뚜렷한 출구를 찾지 못한 근본 이유이다.

1929년 대공황 이후 미국의 뉴딜, 전후 유럽의 복지국가, 독일의 산업4.0 등 의미심장한 성취는 자본주의 틀 안에서의 정책 추진으로부터 시작되었다. 이를 뒷받침하는 사상이론은 그다음에 나왔다. 하지만 한국 경제를 치유하는 일은 전혀 새로운 차원으로 접근해야 한다. 기존 틀 안에서의 모색이 아닌 틀 자체를 완전히 바꾸어야 하는 것이다. 그러자면 경제 현상을 보는 인식 체계부터 재정립해야 한다. 과거 사회주의혁명이 마르크스주의로부터 시작했던 것처럼, 정책보다 사상이론이 먼저다.

03
⋮

# 보편 기제로서 시장경제

한국 경제 3대 기저질환은 익숙한 처방으로 치유하기 쉽지 않다. 근원적이고 본질적인 지점에서의 변화를 추구해야 하는 것이다. 그러면서 아주 합리적이고 현실적인 차원에서 진단과 처방이 이루어져야 한다. 참으로 어려운 일이다. 바로 여기서 자본주의라는 용어가 말썽을 피운다.

　문제를 근원적이고 본질적인 지점에서 파악하자면 한국 경제를 떠받치고 있는 자본주의 체제에 대한 검토를 피할 수 없다. 그런데 자본주의를 거론하는 순간부터 논의는 두 극단으로 흐르기 쉽다. 자본주의를 신성불가침의 주어진 질서로 간주하고 출발하면 지금까지 동원된 치유 수단 이상의 것을 찾아낼 수 없다. 거꾸로 자본주의 내부 모순으로부터 문제 발생의 원인을 찾게 되면 논의는 현실과는 거리가 먼 지극히 사변적인 방향으로 흐르기 쉽다. 해답은 분명 두 극단이 아닌 곳에 존재할 가능성이 높지만 정작 논의는 두 극단으로 흐르는 경우가 다반사이다. 도대체 왜 이런 현상이 일어나는 것일까? 문제 발생의 요인은 자본주의라는 용어에 숨겨져 있다.

## 자본주의라는 용어에 숨겨진 오류

평소 자주 사용하는 자본주의라는 용어는 비판적 견지에 있던 마르크스주의로부터 비롯했다. 이 자본주의라는 용어에는 마르크스주의 사상이론의 치명적 오류가 숨어 있다. 자본주의라는 용어는 자본주의가 분리 불가능한 하나의 경제체제라는 인식을 고착시켰다. 그러한 인식은 아직까지 별다른 의문 없이 통용된다. 하지만 그간의 역사는 이를 강력히 반박하고 있다.

결론부터 이야기하면 자본주의는 불가분의 하나가 아니다. 자본주의는 서로 다른 두 범주의 경제가 결합된 체제다. 하나는 '상품 생산을 통한 개인의 이익 추구, 시장 경쟁, 자유로운 기업 활동의 유기적 결합으로서 시장경제'이며 또 하나는 '자본 증식을 중심으로 움직이는 자본 중심 경제'이다.

앞으로 더 자세히 살펴보겠지만 시장경제는 다양한 경제 주체를 통합하는 필수 불가결의 '보편 기제'이다. 중국의 '사회주의 시장경제' 출현을 통해 확인되었듯이 시장경제를 무대로 다양한 경제체제가 작동할 수 있다. 자본주의도 그중 하나로서 '자본 중심 시장경제'로 표현할 수 있다. 우리가 새롭게 모색하게 될 사람 중심 경제 역시 '사람 중심 시장경제'이다.

그런데 마르크스주의는 자본 중심 경제와 시장경제를 분리 불가능한 통합된 하나의 체제로 파악하면서 이를 자본주의로 표현했다. 카를 마르크스의 『자본론』 1권 첫머리는 이렇게 시작한다.

> 자본주의적 생산양식이 지배하는 사회의 부는 '방대한 상품 더미'로 나타나며, 개개의 상품은 부의 기본형태다. 그러므로 우리 연구는 상품의 분석에서 시작한다. (카를 마르크스 지음, 김수행 옮김, 『자본론』 상, 비봉출판사, 2011, 43쪽)

마르크스는 자본주의의 본질 규명을 시장경제의 기본 요소인 상품을 분석하는 데서 시작했다. 마르크스에게 상품 생산은 자본주의의 출발이었다. 이런 인식에서 출발한다면 자본주의 극복과 시장의 극복은 통합된 하나의 과정일 수밖에 없었다. 마르크스주의 정통 계승자를 자처했던 소련이 시장을 폐기하고 국가 중심 계획경제로 전환한 사상적 근원이었다.

이 모든 과정은 자본주의에 대한 인식을 고착시켰으며, '자본주의 반대'는 곧 자본 중심 경제와 시장경제 모두를 반대하는 것으로 이해하도록 만들었다. 자본주의 반대자인 전통적 좌파나 자본주의 지지자들 모두 자본주의 반대라는 표현을 그런 의미로 받아들였다.

그렇다면 역사는 시장경제와 자본 중심 경제가 서로 다른 범주임을 어떻게 입증해왔는가? 매우 역설적이게도 시장경제가 보편 기제임을 입증한 것은 시장경제를 부정했던 사회주의 나라들이었다. 따라서 우리의 논의는 사회주의 운동을 중심으로 전개될 수밖에 없다.

제대로 된 논의를 위해서 사회주의가 투쟁 대상으로 삼았던 자유주의 사상부터 살펴볼 필요가 있다.

## 시장방임을 옹호한 자유주의

시장경제를 옹호하면서 그 의미와 맥락에 대해 사상이론적 정립을 시도한 원조는 애덤 스미스다. 『국부론』은 스미스의 사상을 집대성한 대표 저서이다. 자본주의 경제를 시장경제와 자본 중심 경제의 결합이라고 가정한다면 『국부론』이 분석의 초점을 맞춘 것은 주로 시장경제라고 할 수 있다. 이는 스미스가 훗날 자본주의로 불린 경제체제를 가리켜 상업 사회로 명명하면서 상업 사회에서는 누구나 어느 정도는 상인일 수밖에 없다고 주장한 데서 일정 부분 확인된다.

애덤 스미스는 개인의 자유로운 이익 추구가 경제 발전의 원동력으로 작용하면서 결과적으로 사회 전체의 이익을 증대시킨다고 보았다. 이러한 스미스의 견해는 『국부론』에서 다음과 같이 피력되고 있다.

> 우리가 매일 식사를 할 수 있는 것은 정육점 주인과 양조장 주인, 그리고 빵집 주인의 자비심 때문이 아니라, 그들 자신의 이익을 위한 그들의 계산 때문이다. 우리는 그들의 자비심에 호소하지 않고 그들의 이기심에 호소하며, 그들에게 우리 자신의 필요를 말하지 않고 그들에게 유리함을 말한다. 거지 이외에는 아무도 전적으로 동포들의 자비심에만 의지해서 살아가려고 하지 않는다. (애덤 스미스, 김수행 옮김, 『국부론』 상, 비봉출판사, 2006, 17~18쪽)

과연 인간은 이기적 욕망을 지닌 존재인가? 이기적 욕망을 있는 그대로 수긍해야 하는가? 이는 인류사를 통틀어 두고두고 논쟁이 된 지점이면서 근대 이후 좌우 이념 대결의 출발점이기도 했다. 개인의 이익 추구를 옹호하고 도덕적 정당성을 부여한 애덤 스미스의 견해는 자유주의 사상으로 발전했다.

자유주의 사상의 견해는 명확했다. 적어도 경제 활동에서만큼은 인간은 자신의 이익이 분명할 때 열심히 노력한다. 이익은 욕망에 불을 지피는 가장 확실한 자극제였다. 인간은 어느 정도 이 타심을 품고 있고 일시적으로 이타심에 이끌려 움직이기도 하지만 잠시 그럴 수 있을 뿐이다. 자유주의는 개인의 이기적 욕망이 야말로 경제 발전의 원동력임을 확신했다.

자유주의 사상에서 시장은 사람의 주관적 의지와 무관하게 그 자체로 존재하는 사회적 발전이 빚어낸 필연적 결과물이다. 애덤 스미스는 그러한 판단의 단초를 제공했다. 스미스는 핀 공장 사례를 들며 분업이 발전할수록 생산성이 높아진다고 보았다. 그로부터 파생하는 결론은 자명했다. 개별 생산 단위를 넘어서는 사회적 분업의 고도화는 필연적으로 시장 교환을 요구한다. 시장은 인간 사회 발전에서 필수 불가결한 보편 기제였다.

자유주의 사상은 그 어떤 사상보다 개인의 이익 추구 무대로서 시장 경쟁을 적극 옹호한다. 시장 경쟁은 각자의 이익을 추구하는 개인들에게 근엄한 심판관으로 기능한다. 게으르고 무능한 개인들은 가차 없이 도태시킨다. 반면 부지런하고 유능한 개인에게는 충분한 보상을 준다. 시장 경쟁은 낡은 세계에 안주하기를 잠시도 허락하지 않고 끊임없이 혁신의 회초리를 휘두르는 혹독한 훈련관이기도 하다. 시장 경쟁은 성가시지만 유익한 그 무엇이다.

자유주의 사상은 치열한 시장 경쟁이 '부의 민주화'를 촉진함으로써 사회 전체 이익을 키운다고 믿는다. 이는 자유주의 사상이 시장 경쟁에 도덕적 정당성을 부여하는 또 다른 지점이다. 시장 참여자들은 경쟁에서 이기기 위해 상품을 더 싸고 더 좋게 만들려고 치열한 노력을 기울인다. 그러한 과정을 통해 과거 왕이나 귀족 등 특수한 집단만이 누렸던 기회를 대중이 향유할 수 있는 길이 열렸다. 유럽 귀족들의 사치품이었던 스타킹은 누구나 구입 가능한 소비재가 되었다. 과거 하녀 몫이었던 빨래를 세탁기가 대신해주고 가마꾼 역할은 승용차가 대신하게 되었다. 이들 모두 보편적으로 소유 가능한 제품이 되었다.

시장 경쟁으로 촉진된 부의 민주화는 자유주의 사상이 안고 있었던 커다란 난제를 해결해주었다. 서구 사회는 경제적으로는 자본주의 제도를, 정치적으로 민주주의 제도를 채택해왔다. 이 두 가지는 하나의 국가 체제 안에서 오랫동안 동거를 유지해왔지만 작동 원리는 대척점에 있었다. 민주주의는 모든 사람은 동격이며 모든 권리는 사람으로부터 나온다는 사람 중심 원리를 기반으로 하고 있다. 반면 자본주의는 1주 1표로 표현되는 주주총회 의결 구조에서 드러나듯이 모든 권력이 자본(돈)으로부터 나온다고 보는 자본 중심 원리를 기반으로 하고 있다. 이러한 차이점에도 불구하고 이질적인 두 제도의 동거가 유지된 것은 상당 정도 자본주의가 부의 민주화를 통해 민주주의와 화해를 실현한 데 있었다.

자유주의 사상은 시장경제 활동 주체로서 자유롭고 독립적인 기업을 옹호한다. 이는 개인의 이익 추구와 시장 경쟁이라는 앞서의 요소에서 도출되는 자연스러운 결과라고 할 수 있다. 기업이 개인의 이익 추구 도구가 되려면, 자유롭게 설립할 수 있으며 그 어떤 외부 권력 기관에 의해 지배받지 않고 독립적으로 움직일 수 있어야 한다. 또한 치열한 시장 경쟁에 대응하기 위해서는 권력의 집중을 바탕으로 고도의 탄력성을 발휘할 수 있어야 한다.

이러한 기업들은 자유주의 사상의 엄호를 받으며 시장 주체로서 경제권력을 키워갔다. 시간이 흐르며 시장 지배자가 되었고, 종종 정치권력을 능가하는 권력을 행사하기에 이르렀다. 나아가 정치권력을 돈으로 매수함으로써 자신의 통제 아래 두거나 아예 수중에 넣기까지 했다.

자유주의 사상은 시장경제에 절대적 가치를 부여하면서 시장의 자율적인 조절 능력에 대해서도 절대적인 믿음을 부여했다. 애덤 스미스의 '보이지 않는 손'은 시장의 자기 조절 능력을 표현하는 고전적 문구가 되었다. 자유주의 사상의 관점에서 국가의 개입과 통제는 금기 사항이 되었다. 오랫동안 자유주의와 시장방임주의는 거의 동의어와 다름없었다.

하지만 1929년 대공황을 겪으면서 상황은 크게 바뀌었다. 대공황은 시장의 자기 조절 능력에 대한 무한한 신뢰를 날려버렸다. 이후 상황은 시장은 국가의 적절한 개입과 통제 아래서 훨씬 원활하게 작동할 수 있음을 입증했다. 국가는 시장의 적이 아니라 친구였다.

자유주의 사상은 오랫동안 숨을 죽였다. 그러다가 1980년대 이후 신자유주의로 옷을 갈아입고 화려하게 부활하는 듯했다. 하지만 대공황 이전 자유주의와 신자유주의 사이에는 본질적인 차이가 있었다. 대공황 이전 자유주의가 주로 시장경제를 옹호하는데 초점을 맞추었다면, 신자유주의는 명확하게 금융자본이 주도하는 자본 중심 경제를 옹호하는 데 초점을 맞추고 있었다.

## 시장을 거부한 사회주의

카를 마르크스를 필두로 하는 사회주의 사상은 시장경제를 둘러싸고 자유주의 사상에 전면 반기를 들었다. 먼저 시장경제의 출발점인 개인의 이익 추구에 대해 강하게 비판했다.

사회주의 사상은 자본주의라는 용어에서 확인되듯이 자본 운동을 중심에 놓고 그 무대로서 시장경제를 보는 견해를 취했다. 사회주의 사상에서 시장경제는 자본의 이윤 추구를 위한 무대일 뿐이었다. 사회주의 사상은 자본주의 사회에서 상품 생산을 통한 개인의 이익 추구는 자본가의 이윤 추구와 동의어로서 특수한 소수만이 누릴 수 있는 권리일 뿐이라고 파악했다. 노동자 계급을 포함한 절대다수는 개인 이익 추구의 재물에 지나지 않았다. 개인의 이익 추구는 절대다수의 희생을 강요할 뿐이었다. 개인의 이익과 사회의 이익이 전면 충돌하고 있다고 본 것이다.

사회주의 사상은 만악의 근원이 공장과 토지 등 생산수단의 사적 소유에 있다고 파악했다. 생산수단의 사적 소유를 바탕으로 한 상품 생산 과정에서 노동력을 착취하고 있다고 본 것이다. 이를 근거로 노동력 착취를 근절하려면 사적 소유를 폐기하고 생산수단을 사회화, 즉 집단 소유로 전환하는 일이 불가피하다고 주장했다. 이는 사회주의 사상의 핵심 요지였다.

사회주의 사상은 시장 경쟁에 대해서도 극도로 부정적인 견해를 취했다. 상품 생산은 인간을 탐욕의 노예로 만들었으며 시장 경쟁은 인간이 인간을 뜯어먹는 야수의 세계로 내몬다고 보았다. 카를 마르크스는 애덤 스미스가 '보이지 않는 손'이라 표현했던 시장의 자율적 조정 기능에 대해서도 정반대의 생각을 피력했다. 마르크스는 자본주의 사회의 기본 모순을 분업의 고도화에서 비롯한 사회적 생산과 생산 단위의 사적 소유에서 찾았다. 마르크스는 둘 사이의 모순이 시장을 무정부 상태에 빠뜨릴 수밖에 없다고 보았다. 마르크스는 그러한 무정부 상태가 심해지면 시장이 자율적 조절 기능을 잃으면서 공황 폭발로 이어질 것이라고 예견했다. 예견대로 공황은 발생했고, 이를 목도한 수많은 사람들이 가슴을 쓸어내려야 했다. 그로부터 사회주의 사상은 시장에 대해 급진적 결론에 도달하게 되었다. 인간을 야수로 만드는 시장은 존속 가치가 없었다. 무정부성을 극복하기 위해서도 시장은 폐기되고 국가 계획으로 대체되어야 했다.

시장에 대한 급진적 태도는 기업에 대한 시각을 완전히 바꾸어

놓을 수밖에 없었다. 기업은 이제 더는 개인의 이익 추구 수단이
되어서는 안 되었다. 문제를 근원적으로 해결하자면 기업은 사적
소유에서 벗어나 사회적 이익을 우선하는 공적 기관의 일부가 되
어야 했다.

사회주의 사상은 자본주의를 비판하면서 그 기초로 작동하는
시장경제까지 전면 부정했다. 자본주의를 떠받치고 있는 시장경
제야말로 악의 원천이라고 보는 경향이 매우 강했다.

## 소련 붕괴의 충격

20세기를 통틀어 사상적 충격을 준 대표적인 사건이 둘 있다. 하
나는 사회주의혁명의 효시인 1917년 러시아혁명이고, 다른 하나
는 러시아혁명의 결과로 세워진 초강대국 소련의 붕괴다.

러시아혁명은 사람들 머릿속에 존재하던 사회주의 사상을 대
지 위에 펼쳐진 현실 세계로 만들었다. 불가항력적으로 다가오던
기존 세계가 전복되고 전혀 다른 세계가 만들어질 수 있다는 사
실 하나만으로도 찬반에 관계없이 사람들을 전율시키고도 남음
이 있었다.

소련의 붕괴는 또 다른 의미에서 거대한 충격을 안겼다. 소련
은 외부의 공격이나 내부 반란도 겪지 않은 상태에서 스스로 무
너져 내렸다. 노쇠함이 극에 달해 자연사한 것도 아니었다. 불과

얼마 전까지만 해도 미국을 능가할 정도의 초강력 체력을 자랑했던 나라 아니었던가? 이래저래 인류사에서 보기 드문 해괴한 장면이 아닐 수 없었다.

소련 붕괴 원인을 둘러싸고 다양한 진단과 평가가 있었다. 사회주의에 우호적이었던 논자들은 고질적인 관료주의와 지도부의 무능을 붕괴 원인으로 꼽기도 했다. 이런 해석은 만약 관료주의를 제때 극복하고 지도부가 유능함을 과시했다면 소련 사회주의 체제는 여전히 건재할 수 있었다는 암묵적 전제를 깔고 있다. 하지만 이는 정확한 진단이 아니다. 문제의 근원은 소련 사회를 특징지었던 '국가사회주의 체제'에 내재해 있었다. 다름 아닌 체제 문제였던 것이다.

소련 사회는 국가가 모든 것을 책임지고 인민은 전적으로 국가에 의존하는 전형적인 국가사회주의 체제였다. 대부분의 기업은 국가 기구의 일부로 존속했으며, 경제는 중앙집권적인 국가 계획 아래 움직였다. 자본 축적과 시장은 완전 폐기되고 배급제가 이를 대신했다.

산업화 초기 단계 국가사회주의 체제는 강력한 힘을 발휘했다. 두 가지 조건이 작용한 결과였다. 먼저 절대 빈곤으로부터 탈출하려는 강렬한 열망이 산업화의 폭발적 추진력으로 작용했다. 극단적 소품종 대량생산이 국가 계획을 용이하게 해주었다. 운동화를 예를 들면 남녀 각 하나의 디자인에 크기만 다양하게 해서 생산 공급하면 되었다. 이러한 조건에서 국가사회주의 체제는 효과적인 자원 배분과 인민 총동원을 바탕으로 초고속 성장을 이어갈 수 있었다.

하지만 경제 건설이 성공 궤도에 올라서면서 양상이 완전히 달라지기 시작했다. 절대빈곤에서 벗어난 인민은 개인의 이익 추구가 봉쇄된 조건에서 열심히 일하려고 하지 않았다. 생산성 혁신을 위한 열정도 발휘하지 않았다. 사회 전반이 갈수록 무기력해져갔다.

국가 계획 시스템에도 문제가 불거졌다. 경제 규모가 비대해지고 생산 품목이 복잡해지면서 일괄적인 계획 수립이 갈수록 어려워졌다. 서로 충돌하고 어긋나는 현상이 빈번해지면서 중앙집권적 계획경제의 비효율성이 갈수록 심화해갔다. 사태는 경제의 안정적 운영마저 어렵게 하는 수준에 이르렀다. 앞서 이야기했듯이 사회주의 사상은 사회적 생산과 사적 소유의 모순으로 인한 무정부성을 극복하려면 시장 기능을 국가 계획으로 대체해야 한다고 보았다. 그런데 결과는 정반대로 국가 계획의 무정부성이 심화하는 것으로 나타났다.

고질적인 관료주의는 문제를 돌이킬 수 없는 수준으로 악화시켰다. 사회 전체가 거대한 국가 기구로 통합되어 있는 조건에서 상부는 명령을 내리고 하부는 이를 따르는 데만 익숙해져 있었다. 그 결과로 실속과는 거리가 먼 형식주의가 만연했다. 상부는 실적을 양으로만 표시하는 숫자놀음에 빠졌고, 하부는 품질에 관계없이 주어진 목표의 양적 달성에만 관심을 가졌다.

여러모로 국가사회주의 체제를 계속 유지하는 것은 더는 가능하지 않음이 자명해졌다. 출구는 하나뿐이었다. 시장경제의 부활이었다. 개인의 이익 추구를 허용해 인민의 자발적 열정을 회복해야 했고, 비효율적 국가 계획을 수요공급의 법칙에 따른 시장 기능으로 대신해야 했다. 더불어 기업들을 국가의 관료적 통제에서 벗어나 자율적으로 움직이도록 해야 했다.

성공의 열쇠는 사회주의 체제의 장점을 최대한 유지하면서 시장경제의 순기능을 결합하는 데 있었다. 하지만 고르바초프를 위시한 소련 지도부는 이 지점에서 완벽하리만치 무능을 드러냈다.

1985년 3월 15일 최고 지도자로 등극한 미하일 고르바초프는 소련 사회의 고질적인 병폐를 전격적으로 치유하기 위해 페레스트로이카(개혁)와 글라스노스트(개방)를 내걸었다. 가장 중요한 과제는 변화의 방향을 제시하고 그에 대한 인민의 지지와 동참을 이끌어내는 것이었다.

하지만 성급한 개혁개방 추진은 오랫동안 억제되었던 인민의 욕구를 일시에 폭발시키는 결과를 초래했다. 고르바초프는 이들 인민을 불온시하고 억압하는 치명적 실수를 저질렀다. 그러자 인민과 급진개혁파 들이 고르바초프를 향해 격렬한 공격을 퍼부었다. 보수파들이 여기에 대항하면서 소련 사회는 걷잡을 수 없는 혼란 속으로 빠져들었다. 결국 소련은 스스로 붕괴하고 말았다. 연방을 구성했던 15개 공화국은 각기 독립했다.

소련의 붕괴는 여전히 많은 사람들에게 불가사의한 사건으로 다가온다. 이럴 때 필요한 것은 비교 분석이다. 소련의 개혁개방 시도가 왜 실패로 돌아갔고 끝내 체제 붕괴로 이어지고 말았는지 는 동일한 목표를 향해 나아갔던 중국과 비교할 때 한층 명료하게 드러난다.

## 중국 개혁개방의 성공

중국의 지도자 덩샤오핑은 일찍부터 개혁개방을 통한 경제 발전 없이 인민의 삶을 실질적으로 향상시키는 것은 불가능하다고 판단했다. 개혁개방의 핵심은 개인의 이익 추구를 일정 범위 안에서 자유롭게 허용하는 것이었다. 1960년대 초 덩샤오핑에게 기회가 왔다. 하지만 너무 급하게 서둘렀고, 인민의 지지 동참보다는 전적으로 국가 행정 기구에 의존해 개혁을 추진했다. 결국 첫 번째 개혁개방 시도는 갖가지 부작용만을 낳은 채 실패로 돌아가고 말았다.

쓰라린 실패를 맛본 덩샤오핑은 지난한 성찰의 시간을 보냈다. 덩샤오핑은 국가 기구에 대한 맹신이 문제의 근원이었으며 체제 변화라는 거대한 실험은 오직 인민의 동의와 지지, 동참 없이는 성공할 수 없음을 깨달았다. 우리의 표현을 빌리면 '사회적 합의'가 필수적임을 간파한 것이다.

이는 소련 지도부의 치명적 오류가 무엇인지를 알려주는 지점이기도 했다. 소련 지도부는 인민의 지지와 동참에 입각한 사회적 합의 과정을 전혀 이끌어내지 못했다. 그동안 해왔던 그대로 인민을 문제 해결의 주체가 아닌 통제 대상으로 간주하면서 당과 국가에 기대어 모든 문제를 해결하려고 했다. 소련이 붕괴한 핵심 요인은 사회적 합의 부재에 있었다.

1970년대 후반, 새로운 기회를 얻은 덩샤오핑은 이전과는 전혀 다른 방식으로 개혁개방에 착수했다. 덩샤오핑이 사회적 합의를 도출하는 데 사용한 방법은 '부분에서 모범을 창출하고 일반화시키는 것'이었다.

덩샤오핑은 인구의 80%를 차지하고 있던 농촌을 개혁하는 일부터 착수다. 덩샤오핑은 중국에서 가장 빈곤한 쓰촨성과 안후이성의 작은 농촌 지역으로 내려갔다. 덩샤오핑은 장시간 농민들과 동고동락하며 농촌개혁 해법을 찾았다. 덩샤오핑이 찾아낸 농촌개혁 핵심은 '포산도호(包産到戶)', 즉 토지에 대한 소유는 기존 공유제를 유지하되 가족 단위 생산을 바탕으로 생산량의 일정 비율을 국가와 공사에 바치고 나머지를 가족 몫으로 하는 것이었다. 일종의 토지 소유권과 경영권 분리라고 할 수 있었다.

새로운 모델은 곧바로 빛을 냈다. 안후이성 일대에 극심한 가

뭄이 급습했는데도 수확량이 사상 최고치를 기록한 것이다. 시범 사업이 성공을 거두자 덩샤오핑은 가족별 생산도급제를 중국 전역으로 넓혔다. 농민들은 개혁 모델을 적극 지지했다. 농업 생산량도 빠르게 늘었다. 농촌개혁은 성공적으로 마무리됐다.

덩샤오핑 앞에 놓인 또 하나의 과제는 상공업 분야에서 개혁개방을 추진하는 것이었다. 덩샤오핑의 생각은 명확했다. 중국 경제가 활력을 찾으려면 시장경제 도입이 필수적이었고, 시장경제가 제대로 발전하려면 서방 자본을 도입하는 것을 피할 수 없었다. 이번에도 덩샤오핑은 급하게 서두르지 않았다. 홍콩에 인접한 선전 등 몇몇 해안 도시로 내려가 새로운 모델을 실험했다. 역시 성과가 나타나자 상하이 등 해안 여러 도시로 정책을 확대 적용한 뒤 다시금 내륙으로 확산시켜갔다. 그 유명한 '점선면(点線面) 전략'을 선보인 것이다.

상공업 분야 개혁개방에 대한 인민의 지지는 강력했다. 기득권에 대한 집착으로 자칫 변화를 거부하기 쉬웠던 당과 국가의 관료 집단 역시 대세에 순응하면서 새로운 이해관계를 찾아 나섰다. 최대 인구 대국 중국이 큰 내부 갈등과 혼란 없이 체제 변화를 도모한 것이다.

일련의 개혁개방을 거쳐 시장경제와의 재결합이 성공적으로 이루어졌다. 개인의 이익 추구는 한층 자유로워졌고, 혁신을 촉진하는 시장 경쟁이 강화되었으며, 기업은 사기업의 비중 증대를 수반하면서 좀 더 자율적이고 독립적인 모습으로 바뀌어갔다. 반면 사회주의의 근간으로서 토지, 금융, 기간산업에 대한 사회적 소유 및 통제는 큰 변화 없이 유지되었다.

이로써 시장경제를 기반으로 사회주의 체제가 작동하는, 중국 스스로 시장사회주의 혹은 사회주의 시장경제라고 부르는 전혀 새로운 모델이 태동했다. 이는 소련식 국가사회주의와의 완전한 결별을 뜻한다.

사회주의 체제와 시장경제의 결합은 결코 만만한 시도가 아니었다. 시장경제는 기본적으로 개인의 이익 추구를 우선하지만 사회주의는 개인의 이익을 억제하고 집단의 이익을 우선하기 때문이다. 원천적인 충돌 지점이 존재하는 것이다. 중국이 개혁개방을 추구하면서 가장 고심했던 지점이라고 할 수 있다. 불가피하게 다양한 지점에서 타협책이 모색되었다. 대표적인 예로서 토지 사용권을 들 수 있다. 앞서 이야기했듯이 농업의 경우 토지에 대한 공유제를 유지하면서 경영은 개인이 책임지도록 했다. 토지 기반의 부동산 또한 공유제를 그대로 유지하는 조건에서 개인은 정해진 기간 동안 사용권만 행사하되 이를 거래할 수 있도록 허용했다.

개혁개방 이후 중국 경제는 초고속 성장을 거듭했다. 압도적인 외환보유고 1위에서 상징적으로 드러나듯이 사회주의 나라를 표방하면서 최고의 자본 동원력을 자랑하는 나라가 되었다.

중국의 개혁개방에 대한 평가는 천차만별이다. 인구 대국이면서 더없이 복잡한 사회 구조를 지닌 나라인 만큼 평가 자체도 다양해질 수밖에 없을 것이다. 다양한 타협과 공존을 추구해왔지만 갈등과 혼란, 부작용을 피하기 어려웠던 점, 그로 인해 불평등, 지역 격차, 부패, 환경 파괴 등이 상당히 심각한 수준에 이르고 있는 현실을 감안한다면 단면적인 평가는 더욱 힘들다. 피상적 인식에 머물러 있는 외부 관찰자들의 시선이기는 하지만 자본주의보다 더한 자본주의라는 평가마저 있다. 그럼에도 소련과 같은 붕괴 과정을 거치지 않았다는 점은 분명하게 인정해야 할 것이다.

주목할 점은 당원 수가 1억 명에 접근하고 있는 중국 공산당의 지배가 여전히 확고하다는 사실이다. 민주주의와는 거리가 멀어 보임에도 정치 제도에 대한 자국민의 지지도 동아시아 국가 중에서 가장 높다. 이는 중국의 운명이 다분히 공산당의 선택에 달려 있음을 뜻한다. 중국이 공산당의 정체성과 정면 배치되는 방향으로 흐를 가능성은 상당히 희박한 것이다.

## 마지막 증인이 된 북한

소련은 사회적 합의를 거치지 못함으로써 시장경제와의 재결합에 실패했고 끝내 체제 붕괴로 치달았다. 중국은 사회적 합의를 바탕으로 시장경제와의 재결합에 성공했다. 온갖 부작용에도 불구하고 체제 붕괴를 면했을 뿐 아니라 고공비행을 거듭하며 미국과 패권을 다투는 G2 반열에 올랐다.

체제 붕괴 이후 시장경제로 전환한 소련과 동유럽 후속 국가 중에서 시장경제와 절연하고 과거 국가사회주의 체제로 회귀해야 한다는 여론은 별다른 지지를 받고 있지 못하다. 중국 역시 갖가지 볼멘소리에 휩싸여 있지만 개혁개방이 처음부터 잘못된 선택이었다는 목소리는 잘 나오지 않는다.

소련과 중국의 경험은 체제 유형에 관계없이 시장경제가 보편 기제로 작동해야 함을 확증해주었다. 그럼에도 시장경제가 보편 기제임을 인정하기 싫어하는 전통적 좌파가 있을 수 있다. 이 지점에서 그간 북한에서 일어난 변화가 각별한 의미를 더해줄 수 있다. 북한 변화의 의미를 제대로 파악하려면 먼저 체제 유지를 둘러싼 특수한 상황에 주목해야 한다.

중국과 함께 사회주의 나라를 표방하면서도 개혁개방에 성공한 또 다른 나라로서 베트남을 들 수 있다. 이 두 나라가 개혁개방을 자신 있게 밀어붙일 수 있었던 데는 제 나름의 이유가 있었다. 개혁개방은 그간 뚜렷이 확인되었다시피 시장경제와의 재결합을 통해 자본을 안방으로 끌어들이는 과정이다. 그 결과 자칫 자본의 힘과 영향력이 증대하면서 사회주의 체제를 위협할 수 있었다. 중국과 베트남은 바로 이 지점에서 체제를 유지할 수 있다는 자신감을 갖고 있었다.

중국과 베트남은 통일된 국가 체제를 유지하고 있었고 공산당의 헤게모니가 확고하게 구축되어 있는 나라이다. 공산당 지배를 위협할 내부의 적이 거의 존재하지 않는다. 문제는 미국으로 대표되는 외부로부터 위협이었다. 그런데 중국은 한국전쟁에서 미국과 맞대결을 벌여 비긴 적이 있었다. 베트남은 미국과의 10년 대전에서 완승을 거둔 바 있다. 일련의 역사적 경험으로 판단할 때 미국이 이들 나라를 직접 위협할 가능성은 희박했다. 그 덕분에 중국과 베트남은 공산당 중심의 사회주의 체제를 큰 탈 없이 유지하면서도 개혁개방을 통해 경제적 번영을 구가할 수 있었다. 바로 이 점에서 북한은 상당히 다른 조건에 놓여 있다.

북한은 집권당 헤게모니가 그 어느 곳보다 강력한 나라이다. 하지만 통일이라는 과정을 남겨놓은 분단국가이다. 남한은 인구가 두 배나 많으며 경제력에서 비교가 무색하리만치 앞서 있다. 한국전쟁 이후 군사적 대치를 이어온 미국은 아직까지 북한에 대한 적대 정책을 고수하고 있다. 북한 체제를 위협하는 요소가 상존하고 있는 것이다. 북한은 이러한 위협에 맞서 체제 유지 비상수단으로 핵 보유를 선택했으나 제재 강화로 경제 발전을 제약당하고 있다.

이런 맥락에서 북한이 중국식 개혁개방을 선택하기는 여간해서는 쉽지 않다. 실제로 북한은 중국식 개혁개방을 상당히 경계하고 있다. 많은 논자들이 북한이 중국과 같은 개혁개방을 시도

하지 않는 점을 두고 답답해하는데, 이는 사정을 잘 모르고 하는 소리다. 북한은 체제 유지에서 자유로운 나라가 아니다. 중요한 점은 그런 북한에서조차 시장경제가 꾸준히 확대돼왔다는 사실이다.

1990년대 중반 북한은 체제를 위협할 만큼 심각한 경제 위기에 직면했다. 위기는 북한을 지탱해온 소련식 국가사회주의 체제를 뿌리째 흔들어놓았다. 국가 중심 공급 체계가 맥없이 무너져내렸다. 인민들이 독자적으로 생존을 모색하면서 생필품 교환을 목적으로 하는 소규모 장마당이 우후죽순처럼 생겨났다. 경제 위기 이후에도 장마당은 계속 성장했고, 시장과 인민의 삶은 뗄 수 없는 관계를 맺기에 이르렀다. 북한 당국은 이를 제도 안으로 적극 흡수하는 정책을 취했다.

시장경제가 발전하면서 이전에 없던 다양한 현상이 생겨났다. 국가 관리에만 의존하던 운송업 등에서 개인 사업자가 빠르게 늘었다. 시장에 자금을 공급하는 이른바 '돈주'가 신흥 부유 집단으로 떠올랐다. 중국과의 관계가 절대적인 비중을 차지하기는 했지만 무역 또한 매우 상당한 비중을 차지할 만큼 발전했다. 그 결과로 이제는 시장 없는 북한 경제를 생각하기 어려운 수준에 이르렀다. 시장경제 성장이 지체되는 현상이 일어나기도 했지만 이는 북한 당국의 억제 정책이 아닌 외부 세계의 제재에 따른 것으로 풀이되고 있다.

오늘날 지구상에 시장경제와 담을 쌓고 사는 나라는 전혀 존재하지 않는다. 예외 없이 시장경제와 더욱 깊숙이 결합하는 추세를 보이고 있다. 우리가 인식할 수 있는 범위 안에서 시장경제로부터 빠져나갈 가능성을 품고 있는 나라 또한 그 어느 곳에도 보이지 않는다.

현실 세계는 시장경제가 보편 기제임을 더욱 뚜렷이 확증해주는 방향으로 흐르고 있다.

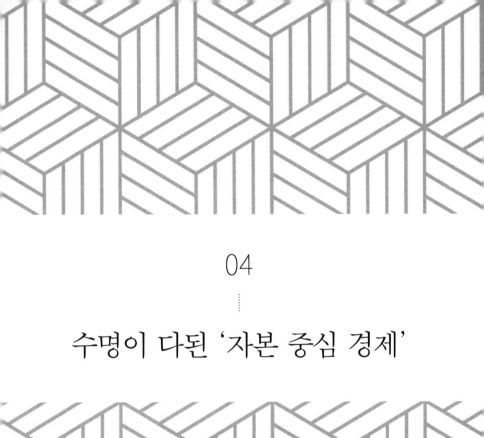

04

수명이 다된 '자본 중심 경제'

인간은 관념의 동물이다. 잘나가던 시절에 형성된 관념은 끈덕지게 살아남을 가능성이 크다. 그럴 때 인간은 과거 관념의 포로가 되어 변화하는 시대 상황에 적응하지 못한 채 도태되기 쉽다.

이웃 일본을 예로 들어보자. 일본은 1980년대 아날로그 시대 최강자로서 세계 시장을 석권한 바 있다. 당시의 추억은 여전히 일본인들의 의식 세계를 강력히 지배하고 있다. 아날로그 시대의 관념은 일본을 디지털 시대로부터 고립된 갈라파고스섬으로 만들었다. 가령 일본인들은 여전히 서류를 제출할 때 직접 도장을 찍은 뒤 팩스로 교환하는 방식을 고집하고 있다. 코로나전쟁으로 재택근무가 확산한 상황에서도 잠시 직장에 출근하는 경우가 허다했는데 팩스 확인이 주된 목적이었다.

일본은 이런 아날로그 강박 때문에 4차 산업혁명 시대에 적응하는 데서도 어려움을 겪고 있다. 그 결과는 산업 생산성의 지속적 저하로 나타났다. 아베노믹스 실시 이후 일본 정부는 화폐를 무제한으로 풀었다. 엔화 가치는 달러당 70엔에서 140엔 정도로 두 배나 하락했다. 수출경쟁력이 비약적으로 상승할 수 있는 조건이었다. 하지만 해당 기간 일본의 수출은 절대적으로 감소했다.

일본은 아시아 국가이면서 스스로 서구 사회 일원이라고 생각해왔다. 그 서구 사회 전체를 관통하는 유사한 관념 체계가 있었다. 바로 이들 사회를 떠받쳐온 자본주의 체제를 보는 시각이다.

냉전 시대를 거치면서 자본주의는 이데올로기 개념이 되었다. 지지자들 사이에서 자본주의는 무조건적이고 절대적으로 지켜야 할 숭고한 가치가 되었다. 사회주의는 악의 세계이며 자본주의는 선의 세계였다. 그러던 차에 발생한 1991년 소련 사회주의 체제의 붕괴는 자본주의의 역사적 승리를 확정 짓는 사건이 되었다. 거대한 충격파와 함께 자본주의는 인간의 의지와 무관하게 그 자체로 존재하는 불멸의 체제로 받아들여졌다. 자본주의라는 관념은 이데올로기적 확신으로 더욱 확고하게 자리 잡았다. 서구 사회 지식인들은 거의 예외 없이 자본주의 앞에서 맹목의 포로가 되었다. 2008년 미국발 글로벌 금융위기는 자본주의의 모순을 여지없이 폭로하는 사건이었다. 그럼에도 서구 사회를 관통하고 있던 자본주의에 대한 맹목적 확신은 조금도 흔들리지 않았다.

자본주의 체제에 대한 이데올로기적 확신에 균열을 일으킨 사건은 미물들의 대공습인 코로나전쟁이었다. 코로나전쟁은 미국과 유럽, 일본 등 선진국 사회경제 체제에 근본적인 결함이 있는 것 아닌가 하는 의문을 품도록 만들었다. 불멸의 체제 자본주의도 이로부터 자유로울 수 없었다.

자본주의를 시장경제와 자본 중심 경제라는 서로 다른 성격의 두 범주로 구성된 경제체제로 보는 지극히 단순한 인식 체계 전환은 우리를 맹목의 포로 상황에서 벗어나게 해준다. 보편 기제로서 시장경제를 분리시킨 뒤 자본 중심 경제에만 시선을 집중시키면 자본주의 세계에서 벌어지고 있는 실체적 진실을 있는 그대로 볼 수 있게 된다.

과연 이데올로기 환상 속에 가려져 있었던 자본주의 본령인 자본 중심 경제는 어떤 운명의 궤적을 그리고 있을까?

## 자본 중심 경제의 특징

자본주의에 대한 이해와 관련해서 반드시 짚고 넘어가야 할 현상이 있다. 자본주의 파수꾼을 자처하는 우파 정치인들은 여간해서 자본주의라는 용어를 사용하지 않는다. 그들은 '자유시장경제'와 같은 표현을 즐겨 사용한다. 여기에는 매우 중요한 의미가 숨어 있다.

무슨 '주의'라는 말은 무엇에 최고의 가치를 부여하는지를 나타내는 용어이다. 민주주의는 민주를, 생태주의는 생태에 최고의 가치를 부여한다. 자본주의라는 말은 자본에 최고의 가치를 부여하는 주의이다. 용어 탄생 과정이 그러했지만 다분히 비판적 의미가 진하게 배어 있다.

아무리 열렬한 자본주의 지지자라 하더라도 자본에 최고의 가치를 부여하는 태도는 어딘지 모르게 께름직한 느낌을 준다. 사실상 배금주의 혹은 황금만능주의와 논리적으로 연결될 수밖에 없기 때문이다. 드러내놓고 주장하기에는 어딘지 모르게 불편함이 따른다. 이러한 이유로 자본주의를 이데올로기로 옹호해온 사람들은 교묘한 트릭을 써왔다.

먼저 자본주의를 구성하고 있는 자본 중심 경제와 시장경제는 불가분의 운명공동체라는 점을 확고한 전제로 삼았다. 그러면서도 시장경제가 누구나 다 인정할 수밖에 없는 보편 기제임을 정확히 간파했다. 이를 바탕으로 시장경제를 옹호하는 논리로 자본에 최고의 가치를 부여하는 자신들의 모습을 절묘하게 포장해왔다. 가령 자본 소유자들의 반응은 시장의 반응으로, 자본의 이익 추구는 개인의 자유로운 이익 추구로, 자본에 대한 규제 철폐는 시장의 자유 확대로 표현했다.

결과는 대단한 성공으로 나타났다. 시장을 앞세운 세뇌 작업은 자본 중심 경제와 시장경제를 분리해 보는 것을 불가능하게 만들었다. 이는 자본 중심 경제의 실체적 진실을 은폐하는 효과를 낳았다. 앞으로 살펴보겠지만 지난 몇십 년 동안 자본 중심 경제가 시장경제와 갈등을 빚으며 그 원활한 작동을 방해해왔다는 사실은 완벽하게 은폐되었다.

더불어 자본 중심 경제로부터 파생한 문제임에도 불구하고 대부분의 사람들이 그것을 시장경제가 야기한 어쩔 수 없는 현상으로 이해하도록 만들었다. 그렇게 수많은 판단 착오와 혼란을 유도함으로써 현실 순응적인 태도를 고착시켰다. 진보 세계 안에서조차 심상치 않게 발견된 현상이었다.

지난 몇십 년 동안 자본 중심 경제가 어떤 길을 걸어왔는지 살펴보기에 앞서 자본 중심 경제의 의미를 파악할 필요가 있다. 한마디로 자본 중심 경제는 자본 증식을 중심으로 움직이는 경제다. 자본 중심 경제에서 모든 요소는 자본 증식을 위한 수단이자 도구로 기능한다.

코로나전쟁을 겪으며 사람들은 한낱 미물에 불과한 바이러스의 숙주가 되어 누군가에게 감염 위협을 가할 수 있다는 불쾌한 경험을 했다. 하지만 근대 이후 인간 사회가 자본이라는 사회 바이러스에 지독히 감염된 상태로 살아왔음은 제대로 깨닫지 못해왔다. 자본은 무한증식을 추구하며 자본가를 숙주로 삼는다는 점에서 바이러스와 특성이 유사하다. 근대 시민혁명 이후 자본주의 사회의 지배 계급인 자본가들은 인간 사회에서는 절대 강자로 군

림해왔지만 한편으로는 자본이라는 사회 바이러스의 숙주에 지나지 않았다.

그뿐이 아니다. 기업 경영을 책임지는 경영자는 자본의 이윤 극대화 도구로 기능해왔다. 노동자는 자본이 언제든지 구매 가능한 대상이었고 생산 과정에서는 자본의 현신인 기계의 부품으로 전락해야 했다.

자본 중심 경제의 특징은 다섯 가지이다.

1) 자본의 이윤추구에 최고의 가치를 부여한다.
2) 자본의 사람 지배를 정상적 상태로 받아들인다.
3) 자본 투자를 경제 발전의 원동력으로 본다.
4) 사람을 비용으로 보는 경향이 강하다.
5) 사람 없는 자동화를 추진할 확률이 높다.

그런데 어떻게 해서 이러한 자본 중심 경제가 근대 이후 인류 사회를 지배할 수 있었을까?

자본 중심 경제는 2차 산업혁명 시기까지 자본 증식과 생산력 발전을 일체화시키면서 노동을 재물 삼아 폭발적인 발전을 구가할 수 있었다. 자본은 생산 영역에 집중 투입되었고 이윤 창출을 통해 증식을 거듭했다. 자본의 증식과 확대재생산은 거의 일치했다. 자본주의가 이전 시기 그 어떤 경제체제와도 비교할 수 없는 경이로운 생산력 발전을 이룬 비결이었다.

자본 증식과 일체화된 확대재생산 과정은 곧바로 시장의 팽창으로 이어졌다. 이는 자본 중심 경제와 시장경제가 함께 상승 발전하는 선순환 구조를 형성했음을 말해준다. 그러한 관계는 자본 중심 경제와 시장경제가 불가분의 운명공동체라는 인식을 낳기에 충분할 정도였다.

1950~1960년대에 걸쳐 지속된 자본주의 황금기는 자본 중심 경제 시대에서 정점을 이룬다. 하지만 그 이후에 양상이 크게 달라지기 시작했다. 자본 중심 경제는 2차 산업혁명 말기인 1970년대부터 한계를 드러내기 시작한 이후 3차 산업혁명을 거치면서 완전히 새로운 국면을 맞이했다.

## 금융자본의 역기능 강화

선진국 사회에서 어느 정도 재력이 있는 사람들은 수입 모두를 소비에 지출하지 않고 상당 부분을 돈 불리는 투자에 사용했다. 이 자금들이 모여 거대한 금융자본을 형성했다. 금융자본은 실물경제보다 훨씬 빠른 속도로 성장하는 경향이 있다. 미국의 경우 1960년 GDP의 200% 수준이었던 금융자본이 2000년대에 접어들어서는 400%에 육박하게 되었다. 이러한 과정을 거쳐 금융자본은 자본 중심 경제에서 확고한 중심축으로 자리 잡게 되었다.

금융자본은 궁극적으로 실물경제에 의존해 이윤을 추출한다. 바로 여기서 문제가 생길 소지가 있다. 금융자본이 실물경제보다 빠르게 성장하면서 둘 사이의 균형이 깨질 수 있는 것이다. 그렇게 되면 마땅한 투자 기회를 찾지 못한 금융자본이 나타날 수밖에 없다. 이들 금융자본은 운동을 멈춘 채 대기 상태에 들어간다. 돈이 돌지 않는 현상이 발생하는 것이다.

지극히 상식적인 이야기지만 돈이 돌지 않으면 시장이 경색되면서 장기간에 걸친 경기 침체가 일어날 수 있다. 1970년대 이후 미국과 유럽을 중심으로 한 선진국에서 실제로 그런 현상이 일어났다. 과잉축적된 금융자본이 시장경제 위에 타고 앉아 숨통을 조인 결과라 할 수 있다.

금융자본의 과잉축적이 장기간에 걸친 경제 침체를 야기했다는 사실은 자본 중심 경제가 시장경제의 원활한 작동을 가로막을 수 있음을 보여주는 첫 번째 징표였다. 여기서 멈추지 않고 신자유주의로의 전환 이후 기업과의 관계에서 금융자본의 또 다른 역기능이 나타났다.

1980년대를 거치면서 미국과 유럽 국가들은 장기 침체에서 벗어나기 위해 신자유주의로 전환을 시도했다. 신자유주의는 금융자본 이익 극대화를 중심으로 경제를 운영한 체제였다.

새로운 환경에서 방대한 규모의 금융자본이 기업 주주총회를 장악해 자유롭게 이윤을 추출할 수 있게 되었다. 때맞추어 철저하게 주주 이익 중심으로 기업 경영이 이루어지는 주주자본주의가 정착했다. 그 결과 미국의 경우 1980년대를 거치며 금융자본이 기업에 제공하는 것보다 추출하는 양이 더 많은 '마이너스 기여' 양상이 벌어졌다. 1981년 이후에는 주식 시장에서 기업에 더 많은 자금이 흘러들어간 예가 거의 없었던 것으로 확인되고 있다.

시장 핵심 주체인 기업의 활력은 투자 능력에서 나온다. 신자유주의 환경에서 금융자본이 자본 중심 경제의 핵심 축으로 자리잡으며 기업을 착취하는 현상이 일반화되었다. 기업의 투자 능력을 잠식함으로써 시장경제의 활력을 약화시키는 것과 같았다. 자본 중심 경제가 자랑했던 자본 증식과 생산력 발전의 일체화가 붕괴되었음을 의미했다. 이게 전부가 아니었다.

신자유주의는 이런 비난에서 벗어나려는 듯이 돈이 돈을 버는 식으로 금융자본의 독자적 가치 창출 능력을 과시하기도 했다. 하지만 2000년 월가 주가대폭락, 2008년 미국발 글로벌 금융위기를 거치면서 인위적 거품에 의존한 지속가능성 없는 시스템임이 드러났다. 2000년 월가 주가대폭락은 주식 시장 거품 붕괴, 2008년 글로벌 금융위기는 부동산 시장 거품 붕괴로 일어난 것이었다. 두 번의 위기 모두 거품 경제는 결코 붕괴를 피할 수 없음을 입증했다. 2008년 글로벌 금융위기는 거품 경제의 실상을 한층 적나라하게 드러냈다.

2000년 월가 주가대폭락을 수습하기 위해 미국 연방준비은행

(FRB)은 초저금리 자금을 무제한으로 풀었다. 초저금리 자금이 왕창 풀리자 덩달아 주택담보대출이 크게 인기를 끌었다. 우후죽순으로 생겨난 대출업체들은 대출 대가로 수수료만 챙기고 원리금 상환 청구권을 투자회사에 팔아넘겼다. 대출업체들은 상환 여부가 중요하지 않았기 때문에 신용등급을 가리지 않고 대출해주었다. 그 대신 신용등급이 낮은 경우는 이자가 비쌌다. 투자회사에 모인 상환 청구권 중에서 낮은 신용등급 비중이 크게 높아졌다. 투자회사는 이들을 등급에 따라 묶은 뒤 파생금융상품으로 만들어 판매했다. 고객 중에는 일반 은행도 포함되어 있었다. 은행들은 만약의 경우에 대비해 AIG 등 보험회사에 위험 대비 보험을 들었다.

주택 가격이 계속 상승하면 구입한 주택을 판매해 원리금도 상환하고 프리미엄도 챙길 수 있었다. 하지만 주택 가격이 실수요자들의 구입 능력을 넘어서자 부동산 시장에 형성된 거품이 일시에 꺼지기 시작했다. 주택 가격은 폭락했고 대출을 받은 시민들은 주택을 처분해도 원리금을 상환할 수 없었다. 파생금융상품들은 일시에 휴지 조각으로 전락했다. 복잡하게 얽혀 있던 금융 생태계가 파열되면서 월가의 거대 금융기관들이 잇달아 무너져 내렸다. 보험회사들도 한꺼번에 몰려든 고객 청구를 감당하지 못해 덩달아 나자빠졌다.

사태의 파장이 전 세계로 퍼져나가면서 2008년 한 해 동안 세계 주식 시장은 20조 달러 이상 손실을 보았다. 세계 GDP의 절반에 가까운 액수의 돈이 일시에 허공으로 날아간 것이다.

전성기 시절 신자유주의는 옹호자와 비판자 모두의 손에서 극도로 신비화되었다. 좌파 지식인들이 현란한 논리를 동원해 신자유주의를 비판했지만 나중에는 도통 무슨 이야기인지 알 수 없는 경우가 많았다. 신비의 베일을 벗기고 나면 신자유주의의 정체는 지극히 단순 명료했다. 일부 논자들의 비판대로 신자유주의는 월가 금융자본이 전 세계를 상대로 벌인 고도의 사기극이었다.

두 차례에 걸친 금융위기는 시장경제의 극심한 파괴와 혼란, 황폐화로 이어졌다. 시장경제 입장에서 금융자본은 언제 또다시 대형 사고를 칠지 모르는 두려움의 대상이 되었다.

금융자본이 주도하는 자본 중심 경제는 경기 침체, 기업 투자 능력 잠식, 금융위기 유발 등 다양한 형태로 시장경제를 교란했다. 자본 중심 경제는 자본주의 황금기까지 지속된 시장경제와의 밀월 관계를 포기하고 시장경제를 지속적으로 위협하는 존재가 된 것이다.

## 가치 창출 비중의 저하

과거 2차 산업혁명 시기까지 생산 영역에서 자본의 가치 창출 기여도는 절대적이었다. 자본을 투하하는 만큼 생산력이 발전했고,

이를 근거로 자본 투자자들은 기업 권력을 사실상 100% 장악할 수 있었다. 하지만 3차 산업혁명을 거치면서 자본의 기여도는 현저히 떨어지기 시작했다. 이 문제에 대한 지적 실마리를 제공한 대표적 인물은 피터 드러커였다.

피터 드러커는 학문으로 취급받지도 못했던 불모지에서 새로이 경영학을 일군 인물이다. 지금까지도 경영학의 개척자이자 최고 권위자로서 추앙받고 있다. 드러커는 경영학을 넘어 경제학 분야에서 매우 큰 기여를 했다. 그의 업적 중에서 가장 주목할 지점은 지식사회론을 제기한 것이었다.

드러커는 지식이 가치 창출의 새로운 원천으로 떠올랐으며 그 비중이 빠르게 커지고 있다고 파악했다. 그에 따라 자본과 노동의 결합을 가치 창출의 주요 원천으로 삼던 시대에서 벗어나 전혀 다른 사회로 이행하고 있다고 보았다. 뒤에서 더 자세히 논의하겠지만 이 같은 드러커의 이해는 3차 산업혁명의 본질에 깊이 접근한 것이었다.

드러커는 지식사회론을 바탕으로 지식이 자본을 넘어서는 새로운 생산수단으로 떠올랐다는 파격적인 주장을 제기했다. 생산수단은 이것을 지니고 있으면 다른 생산요소를 비교적 쉽게 확보함으로써 생산활동을 펼 수 있는 그 무엇을 가리킨다. 봉건시대는 토지가 대표적인 생산수단이었다. 토지만 있으면 인력을 포함해 다른 생산요소를 쉽게 확보할 수 있었다. 자본주의 사회의 대표적인 생산수단은 자본이었다. 자본만 있으면 토지나 공장, 노동력 등 필요한 생산요소를 쉽게 확보할 수 있었다. 그렇다면 드러커 말처럼 새로운 시대에 지식이 생산수단으로서 요건을 충족시킬 수 있을까.

3차 산업혁명 이후 지식은 가치 창출에서 종종 자본을 능가할 정도로 큰 비중을 차지하기에 이르렀다. 필요한 지식을 갖추고 있으면 자본을 유치해서 다른 생산요소를 확보할 수 있다. 이 점을 명료하게 보여주는 곳이 3차 산업혁명의 견인차 구실을 해온 벤처기업이었다.

세계 IT업계 기린아로 떠오른 구글을 예로 들어보자. 1998년 창업한 구글은 이듬해 자본 유치에 나섰다. 투자에 응한 두 벤처캐피털 회사는 구글의 가치를 1억 달러로 평가했다. 두 벤처캐피털 회사는 합계 2,500만 달러를 투자하고 25%의 지분을 확보했다. 나머지 75%는 초고속 검색엔진이라는 지식 가치를 보유한 두 창업자 래리 페이지와 세르게이 브린 몫이었다. 기업 가치 구성에서 창업자의 지식 가치가 자본 가치를 압도했던 것이다.

3차 산업혁명 이후 기업 가치 구성에서 새로운 가치 창출의 원천인 지식의 비중은 빠르게 커져왔다. 반면 과거 절대적 지위를 유지했던 자본의 비중은 빠르게 줄어왔다. 이 같은 현상은 멀리 갈 것 없이 우리 주변에서도 쉽게 발견할 수 있다.

2019년 비슷한 시기에 두 개의 한국 기업이 매각되었다. 막대한 자본이 투하되었던 아시아나항공은 1조 5,000억 원 수준에서 매각이 추진되었다. 반면 아시아나항공과 비교가 무의미할 정도로 투하 자본 규모가 작았던 앱 기반 배달 전문 기업 '배달의민족'은 독일 기업에 4조 8,000억 원 정도에 매각되었다.

2020년 5월 현재 기업 자산 규모는 현대자동차가 194조 원인데 반해 IT기업 카카오는 8조 원에 불과했다. 투하된 자본 규모에서는 비교가 무의미할 정도로 차이가 난다. 하지만 기업 가치를 반영한 시가 총액(해당 기업 주가 총액)은 정반대로 카카오가 21.5조 원으로서 현대자동차의 20.2조 원을 추월했다. 무료 문자 메시지 교환 앱에서 출발한 카카오의 지식 가치가 제조업의 거인 현대자동차가 수십 년간 축적한 자본 가치를 능가한 것이다.

창업자가 필요한 지식을 보유하고 있으면 자본을 유치하고 지배할 수 있다. 이를 통해 얼마든지 생산활동을 펼 수 있다. 컴퓨터 한 대만으로도 글로벌 시장을 무대로 경제 활동을 펼치는 사례가 급증하고 있다. 지식은 새로운 시대에 명백한 생산수단으로 기능하고 있다.

새로운 생산수단으로서 지식은(뒤에서 살펴보겠지만 지식은 감성과 상상력을 아우르는 창조력으로 확대 재구성된다) 4차 산업혁명 시기에 이르러 자본과 노동의 결합을 뛰어넘는 가치 창출의 주요 원천으로 자리 잡았다. 기업 가치 구성에서 자본의 주도적 위치가 사라질 수밖에 없는 상황이다. 이는 지극히 합법칙적 과정으로서 돌이킬 수 없는 시대의 추이이다. 지식 가치를 보유한 사람이 자본을 지배하는 지점은 벤처기업 특유의 역동성을 보여주는 중요한 징표이다. 바로 이 벤처기업의 역동성이 4차 산업혁명을 발전시키는 원동력이다.

하지만 자본 중심 경제는 벤처기업을 자신의 체제 안으로 흡수함으로써 특유의 역동성을 약화시킨다. 지식 하나로 다수의 지분을 확보한 창업자를 또 다른 자본가로 만든다. 실제로 벤처기업들은 대부분 시간이 지나면서 초기 특성을 잃고 기존 기업과 비슷해진다. 가치 창출에서 자본의 비중이 현저히 떨어졌음에도 자본의 지배력이 관철되는 자본 중심 경제는 의연히 계속되고 있다. 벤처기업 특유의 역동성이 지속될 가능성을 차단한다.

자본 중심 경제는 3차 산업혁명 이후 단계에서 생산력 발전의 질곡으로 작용하고 있다. 벤처기업의 선도적 역할을 감안하면 자본 중심 경제가 시장 활성화 가능성을 제약한다는 뜻이기도 하다.

## 일자리 창출 능력 약화

자본 중심 경제는 기업 활동을 통해 일자리 창출에 기여해왔다. 자본 중심 경제가 수행한 가장 중요한 사회적 기능이었다. 근대 이후 자본 중심 경제는 연속적인 공장 설립을 통해 절대 빈곤에 허덕이던 농촌 인구를 도시로 끌어냈다. 1차 산업혁명 시기 극도로 열악했던 일자리의 질은 2차 산업혁명을 거치며 상당히 개선 되었다. 자본주의 황금기 시절 자본 중심 경제는 완전 고용 신화 를 실현하기도 했다. 하지만 4차 산업혁명 시기에 이르러 양상이 완전히 바뀌고 있다.

자본 중심 경제는 사람을 가급적 절감해야 할 비용의 일부로 보는 경향이 강하다. 반면 자본의 현신이라고 할 수 있는 기계는 무한히 신뢰한다. 자본 능력에 대한 믿음이 기계에 대한 신뢰로 표현되는 것이다. 사람보다 기계를 더 믿는 물신주의 경향이 작 동하고 있다. 인건비 절감을 통한 이윤율 상승 경험은 이러한 경 향을 확고하게 만들었다.

노사 관계가 갈등 지향적일수록 로봇 등 기계에 의존할 가능성 은 더 커진다. 로봇은 잔꾀를 부리거나 변덕스럽게 굴지 않으면 서 주어진 임무를 말없이 수행한다. 노조를 결성할 염려도 없고 파업을 하거나 임금을 올려달라고 떼쓰지도 않는다. 그러면서도 대부분 사람보다 더 싸다.

4차 산업혁명이 야기한 자동화 기술의 비약적 발전은 자본 중 심 경제로 하여금 급진적인 기술의 노동 대체, 즉 '사람 없는 자동 화'를 추진하도록 만들었다. 마침내 무인 공장, 무인 매장이 현실 화되기에 이르렀다. 그 결과 '고용 없는 성장'이 널리 퍼지기에 이르렀다.

정치인을 포함해 수많은 논자들이 언급하듯이, 4차 산업혁명 시기에 자본 중심 경제가 작용해 그 결과로 일자리가 줄어드는 현상은 부인할 수 없는 현실로 다가오고 있다. 이 같은 일자리 감소는 필연적으로 일자리를 둘러싼 경쟁을 격화시키면서 저임금 구조를 고착시킬 가능성이 매우 높다. 재앙은 여기서 그치지 않는다.

모든 시장은 최종적인 소비재 수요에 의존한다. 소비 지출의 압도적 다수는 피고용자의 호주머니에서 나온다. 이들은 수입의 대부분을 소비 지출에 쏟아붓는다. 반면 부자는 늘어난 수입 가운데 일부만을 소비에 지출하고 나머지는 재투자한다. 이러한 조건에서 일자리 감소와 저임금 구조 고착은 이미 그 징조가 나타나고 있듯이 소비 시장을 극도로 위축시킬 수밖에 없다. 이는 연쇄적 파급 효과로 모든 산업에 걸쳐 치명적인 결과를 안겨다 줄 수 있다.

개별 기업은 생존의 아귀다툼을 벌이며 자동화에 더욱 매달릴 수 있으나 반드시 경쟁력 강화로 이어진다는 보장이 없다. 사람 없는 자동화는 변화하는 시장 상황에 맞는 지속적 업그레이드와 시대 추이인 고객 맞춤형 서비스를 어렵게 만들 수 있다. 자동화는 정해진 기계 동작을 단순 반복할 가능성이 높기 때문이다. 그 결과 기업들은 '자동화 함정'에 빠지면서 장기적으로는 경쟁력 약화로 이어지기 쉽다.

결국 자본 이익 극대화 논리가 자동화의 진전을 재촉하지만 자칫 모든 것을 잃을 가능성이 크다. 최악의 경우 급격한 일자리 감소가 소비재 수요 위축을 초래하면서 시장 붕괴로 치달을 수도 있다. 자본 중심 경제가 일자리 창출 약화로 시장경제를 제대로 유지할 능력이 없음을 입증해준다. 자본 중심 경제 스스로 자동화 함정을 파고 자신을 묻는 격이다.

## 차세대 핵심 산업 선도기능 상실

근대 이후 1, 2, 3차 산업혁명 등 모두 세 차례에 걸친 산업혁명이 있었다. 각각의 산업혁명은 신기술 등장, 선도적인 핵심 산업의 출현, 새로운 시장 창출 등의 수순을 거쳐 완성되었다.

1차 산업혁명은 증기기관 신기술 등장을 기초로 방직 · 방적산업이 핵심 산업으로 떠올랐으며 이를 중심으로 새로운 시장이 빠르게 늘어갔다. 2차 산업혁명은 전기 · 자동차 · 화학 등 중화학 분야 신기술을 바탕으로 자동차산업이 핵심 산업으로 부상했다. 2차 산업혁명이 진행된 20세기에 자동차산업은 발전된 나라들 사이에서 가장 큰 시장이라는 위상을 유지했다. 한국만 해도 자동차 관련 산업이 한때 국민경제의 20% 정도를 차지하기도 했다.

ICT를 기반 기술로 하는 3차 산업혁명과 그 연장으로서 4차 산업혁명을 이끌 차세대 핵심 산업은 무엇일까? 단언컨대 의료산업을 중심으로 바이오 헬스케어 등 다양한 연관 산업을 포괄하는

'건강산업'이 될 것이다. 평균수명의 비약적 연장으로 건강하게 오래 사는 것이 최우선 과제가 될 수밖에 없기 때문이다. 실제로도 건강 관련 지출 비중이 급격히 증가하고 있다.

여기에 발맞추어 건강 관련 산업들이 가장 빠르게 성장하고 있는 추세이다. 2020년 현재 의약품과 의료기기를 합친 세계 시장 규모는 반도체(약 800조 원)와 자동차(약 600조 원) 시장을 합친 것보다 큰 1,800조 원 규모에 이른다. 이미 최대 규모 시장으로 부상한 것이다.

빠른 시장 확대에 발맞추어 건강산업 관련 투자 또한 폭발적인 증가세를 이어왔다. 미국의 스타트업 시장 조사기관인 CB인사이츠에 따르면 미국 상위 10대 기술 기업의 헬스케어 투자는 2012년 2억 7,700만 달러에서 2017년에는 270억 달러를 훌쩍 넘기면서 5년 만에 100배가량 급증했다. 2017년 말 현재 코스닥 상장업체 중 시가 총액 10위 안에 드는 기업 7개가 건강 관련 기업이었던 것도 이러한 흐름을 반영한 결과라고 할 수 있다.

건강산업 중에서도 중추적 역할을 할 분야는 직접 치료를 담당하는 의료산업이 될 것이다. 의료산업에서 축적된 지식과 기술, 데이터가 건강산업 전반의 발전을 촉진하는 연료가 될 것이기 때문이다. 수많은 기업들이 경쟁적으로 뛰어들고 있는 의료기기 개발도 의료산업과 무관하게 이루어질 수 없다. 의료산업이 발전해야 건강산업이 함께 발전할 수 있는 구조이다.

코로나전쟁을 거치면서 한국 의료기술이 세계의 주목을 받음에 따라 진단키트를 위시한 '메이드 인 코리아' 의료 관련 제품 수출이 덩달아 증가한 것도 이러한 연관성을 입증하는 징표 가운데 하나일 수 있다.

자본 중심 경제는 바로 이 지점에서 치명적 한계를 드러낸다. 건강산업을 중심으로 한 새로운 시장 창출을 가로막을 가능성이 매우 큰 것이다. 이는 철저하게 자본 중심 경제를 바탕으로 움직여온 미국 의료산업이 코로나전쟁을 맞이해 취약성을 드러내면서 극적으로 입증되었다.

미국 의료기관은 대체로 자본의 이윤 극대화를 목적으로 움직이는 영리법인이다. 일반적인 영리법인과 마찬가지로 파산 대비 보험에 가입했으며, 분쟁 대응용 변호사 비용을 상당액 지출한다. 이 모든 비용은 의료비에 반영된다. 그 결과 미국의 의료비는 매우 비싸다. 의료비용은 철저하게 자본 논리의 지배를 받는 사보험을 통해 조달되는데 고객이 치료를 받으면 보험료가 오른다. 이런 환경에서 미국인 다수는 병원 진료를 꺼리게 되었고 그 여파로 의료기관 재정 상태가 덩달아 악화하면서 의료산업 전반이 취약해지고 말았다. 참고로 오바마케어는 국가 지원 아래 사보험 가입을 강제한 것으로, 의료 시스템 자체를 고친 게 아니다.

미국인들의 다수가 병원 진료를 꺼리게 되었다는 사실을 시장 논리로 표현하면 다수 고객이 의료서비스라는 상품 구매를 기피

했다는 이야기이기도 하다. 달리 말해 의료 시장이 제대로 작동하지 못한 것이다. 미국은 철저히 시장 중심 의료 정책을 추구해 온 나라로 알려졌다. 그런데 실제로는 자본 중심 경제가 지배하면서 의료 시장이 황폐화되는 역설적 결과를 낳았다.

의료산업 발전이 억제되면 차세대 핵심 산업이자 시장 확대를 선도할 건강산업 발전이 지체될 수밖에 없다. 미국 사례는 자본 중심 경제가 미래 시장으로 향하는 출구를 가로막고 있음을 알려 준다.

## 사라지는 자본 증식의 조건

자본 중심 경제는 전체 경제를 이끌 능력이 갈수록 취약해지고 있다. 시장경제를 교란하고 위축시킬 가능성만 더욱 커지고 있는데도 자신이 지배를 유지하려 사력을 다해 버티고 있다. 하지만 자본 중심 경제를 떠받치고 있는 마지막 기둥마저 쓰러질지 모를 위기가 다가오고 있다. 그 어떤 외부 충격이 아니라 자본 증식 운동이 스스로 빚어낸 결과이다.

자본 중심 경제는 자본 증식을 중심으로 움직이는 경제다. 자본 증식이 더는 불가능해지는 상황이 온다면 수명이 멈출 수밖에 없다. 과연 그러한 상황이 올까? 이론적으로 충분히 가능하며, 실현 가능성을 입증하는 징표들이 곳곳에서 나타나고 있다.

자본은 이윤 획득을 통해 끊임없이 자신을 증식한다. 역사적으로 자본의 증식 속도는 이윤 창출을 보장하는 실물경제 성장 속도를 크게 앞질러왔다. 장기적 관점에서 볼 때 이러한 현상은 이윤 획득 기회 축소와 이윤율 저하로 이어질 수밖에 없다. 지속적 저하가 진행되면 이윤율은 제로 수준에 접근하게 된다. 급기야 자산 가치 유지를 위해 비용을 지불해야 하는 마이너스로 돌아설 수 있다. 이런 현상이 실제로 일어났다.

유로존을 시작으로 일본과 스위스, 덴마크 등에서 채권과 기준 금리 모두 마이너스로 진입했다. 여기에 금융 강국인 영국마저 마이너스 금리 국채를 발행하면서 마이너스 금리가 확산될 조짐을 보였다. 영국 정부는 2020년 5월 3년물 국채 38억 파운드를 입찰에 부쳤는데 80억 파운드가 몰리면서 사상 최저 수익률인 마이너스 0.003%에 매각되었다. 투자자가 이자를 받는 것이 아니라 거꾸로 수수료를 내야 하는 경우이다. 채권 응찰이 발행량의 2.15배에 이른 것은 투자자 사이에서 금리가 마이너스 영역에서 더 떨어질 것이라는 전망이 우세한 결과였다.

지나친 확대해석은 금물이다. 상황은 언제든지 바뀔 수도 있다. 하지만 확률적으로 마이너스 금리 가능성이 갈수록 높아지고 있는 것은 분명한 사실이다. 아울러 마이너스 금리가 자본의 이윤 창출 여지가 크게 축소되고 있는 현실을 반영하는 것임은 또한 분명해 보인다.

앞으로 자본은 시간이 흐를수록 이윤 획득보다 자산 가치 보전을 위해 비용을 지불해야 할 가능성이 커지고 있다. 이제는 자본 증식을 중심으로 경제가 돌아가기 어려운 상황으로 가고 있는 것이다. 시간표를 확정지을 수 없지만 자본 중심 경제는 명백히 수명이 다해가고 있다.

지금까지 미국과 유럽 등 서구 사회를 중심으로 자본 중심 경제가 어떤 운명에 직면해왔는지를 살펴보았다. 과거 자본 중심 경제는 자본 증식과 생산력 발전을 일치시키며 경제 발전을 강력하게 주도했다. 하지만 쇠퇴기에 접어들면서 그 능력이 뚜렷이 약화하기 시작했다. 가치 창출의 비중이 현저히 떨어지고 있고 가장 중요한 사회적 기능인 일자리 창출 능력도 약화되었다. 차세대 핵심 산업을 선도할 능력도 취약하다. 마침내 생존 조건인 자본 증식마저 여의치 않은 상황에 직면했다.

자본주의 황금기 시절까지 자본 중심 경제와 시장경제는 상당히 궁합이 맞았다. 시장경제는 자본 중심 경제에 무한한 활력을 불어넣어주었고, 자본 중심 경제의 성장에 이끌리어 시장경제는 폭발적 확장을 거듭했다. 하지만 쇠퇴기에 접어들면서 둘의 관계는 어그러지기 시작했다. 자본 중심 경제가 시장경제의 원활한 작동을 가로막고 억누르기 시작한 것이다.

긴 역사적 관점에서 볼 때 자본 중심 경제의 수명이 다해가고 있음은 매우 분명하다. 인식에서 양적 차이는 있을 수 있다. 사람에 비유하자면 앞으로 3년을 못 넘긴다고 볼 수도 있고 10년 이상 거뜬히 더 살 것이라고 볼 수도 있다. 하지만 이는 본질적인 차이가 아니다. 어떤 경우든지 '자본 중심 경제의 질곡으로부터 시장경제의 해방'이 시대의 과제로 떠올랐음은 매우 분명하다.

## 너무 일찍 늙어버린 대한민국

자본 중심 경제의 운명과 한국 경제의 기저질환은 어떤 연관이 있을까? 이 문제를 밝히려면 신자유주의 상륙 계기가 된 외환위기 이후부터 어떤 상황이 벌어졌는지 되짚을 필요가 있다.

1997년 외환위기에 대해, 한국 국민들은 그렇게 되기를 원하지도 않았고 이렇다 할 책임도 없다. 반면 재벌들은 외환위기를 원하지는 않았지만 상당한 책임을 안고 있다. 재벌들의 과잉중복 투자가 기업 경영 부실을 초래했고 금융기관의 부실 채권을 양산하는 계기가 되었다. 금융기관들은 이를 보충하기 위해 단기 해외 금융을 차입함으로써 외환위기의 빌미를 제공했다.

한국 외환위기를 원하기도 하고 일정한 책임이 있는 곳이 있었다. 바로 미국이었다. 미국은 신자유주의 세계화 전략을 담은 워싱턴컨센서스 지침대로 한국의 외환위기를 가속화해 신자유주의 구조조정의 계기로 삼고자 했다. 그 일환으로 친서까지 보내 일본의 한국 지원을 차단했다. 미국은 토끼몰이식으로 한국이 IMF 구제금융을 받도록 몰고 갔다.

한국은 구제금융을 제공받는 대가로 IMF가 제시한 혹독한 신자유주의 구조조정 프로그램을 수용했다. 그 결과 한국은 세계에서 유례를 찾아보기 힘들 정도로 짧은 기간 안에 신자유주의 체제로 전환했다.

신자유주의는 철저하게 금융자본 이익 극대화를 중심으로 작동하는 시스템이었다. 자본 중심 경제가 극단에 이른 경우였다. 여기서 극단이라는 표현은 단순한 수사어가 아니었다. 신자유주의를 일관되게 관통한 논리는 승자독식이었다. 금융자본을 처음부터 승자로 규정짓고 원하는 모든 것을 얻을 수 있도록 보장한 시스템이었다.

외환위기 이후 한국 경제는 신자유주의라는 이름의 극단적인 자본 중심 경제에 지독하게 감염되어갔다. 사고에서 경제 행동에 이르기까지 빈틈없이 감염되었다. 극단적 자본 중심 경제가 기업을 타고 앉은 채 시장경제를 강하게 압박했다. 그 과정에서 시장 주체인 기업들이 한국 경제 3대 기저질환으로 발전한 세 가지 호흡 곤란 증상을 앓기 시작했다.

## 하나, 주주자본주의로 인한 기업 투자 능력 약화

신자유주의 상륙과 함께 미국식 주주자본주의가 빠르게 이식

되었다. 기업 경영은 주주 이익 증대에 모든 초점을 맞추었다. 사람들의 사고 또한 그에 맞추어 변모했다. 주주들에게 높은 배당을 실시하면 기업이 잘 돌아가는 징표로 간주했고 소속 노동자들마저 뿌듯해하기도 했다. 외국인 투자자들이 주주의 상당 부분을 차지한 조건에서 기업들은 주주 이익을 증대하기 위한 각종 조치들을 쏟아냈다.

인위적인 주가 상승을 목적으로 대규모 구조조정과 자사주 매입이 빈번하게 실시되었다. 자사주 매입은 기업이 자사 주식을 매입해 소각하는 조치인데 해당 액수만큼 주가가 오르도록 되어 있다. 더불어 이전 시기에는 상상도 할 수 없었던 초고배당이 실시되었다. 2006년 외국인 투자자 지분이 70%에 이르렀던 포스코는 연간 수익의 50% 정도를 주주들에게 배당하기도 했다.

막대한 기업의 돈이 여러 경로를 거쳐 주주들 손안으로 흘러들어갔다. 2004년 상반기 동안에만도 상장기업들로부터 주식 시장으로 빠져나간 자금은 유입된 것보다 7조 3,549억 원이 많았다. 그중 상당수는 외국인 투자자 손을 거쳐 국외로 유출되었다. 1998년 이후 7년 동안 외국인 투자자들이 직접 회수한 투자 수익은 줄잡아 70여조 원에 이르는 것으로 알려졌다. 주주라는 이름의 자본 숙주들이 대놓고 기업을 착취한 것이다.

이러한 과정은 투자 능력을 크게 잠식함으로써 기업의 경쟁력 약화로 이어질 수밖에 없었다.

## 둘, 벤처기업 발전을 가로막는 천박한 투자 환경

3차 산업혁명 이후 경제 발전을 선도하는 주역은 벤처기업이다. 벤처기업은 신기술 개발을 주도함으로써 산업생태계의 역동적 발전을 이끈다. 벤처기업은 대학, 연구소, 벤처캐피털, M&A 등이 유기적으로 연관을 맺는 벤처 생태계 안에서 발육된다. 미국과 중국은 비교적 벤처 생태계가 잘 형성되어 있다. 늙고 병든 미국이 버티고 중국이 급부상하는 이유 중 하나다.

벤처기업 투자를 전문으로 하는 벤처캐피털은 현재 가치가 아닌 미래 가치에 투자한다. 벤처기업의 세상 변화를 읽는 눈에 투자한다. 벤처기업은 이러한 투자를 통해 채무 상환 부담 없이 필요한 자금을 확보함으로써 실패를 두려워하지 않고 과감한 모험에 나설 수 있다.

한국은 벤처 창업이 왕성하게 이루어져온 나라이다. 하지만 그에 상응한 투자 환경은 제대로 갖추어지지 않았다. 신자유주의 유입과 함께 "보다 쉽고 빠르게 많은 수익을 내는 투자"가 각광을 받았다. 천박한 자본 투자 행태가 일반화되면서 모험이 따르는 벤처 투자를 기피하기에 이르렀다.

일부 벤처캐피털이라는 이름의 자본이 형성되어 있지만 말 그대로 이름뿐이었다. 벤처기업이 투자를 요청하면, 실적을 내면 투자하겠다는 태도를 내비치기 일쑤였다. 투자를 받아야 실적을 내는 기업의 처지에서 투자를 받기가 불가능한 구조였다. 벤처는 없고 캐피털만 있었던 것이다.

이러한 조건에서 다수의 벤처기업들은 창업자가 채무상환 부담을 떠안는 차입에 의존해야 했다. 실패하면 창업자는 평생 빚쟁이에 쫓기는 신세가 되었다. 실패에 대한 두려움 없이 모험을 할 수 있는 구조가 아니었다. 벤처기업 고유의 속성을 제대로 발휘하기 어려웠던 것이다.

도리 없이 많은 벤처기업들이 해외 자본 투자에 의존하거나 아예 거점을 중국 선전 등 해외로 옮겨 투자를 받았다. 단적으로 2020년 현재 매출 1조 원 이상 유니콘 등극을 눈앞에 둔 벤처기업들이 대부분 해외 투자를 받아 성장했다. 성공하더라도 과실이 해외로 빠져나갈 수밖에 없는 구조였다.

열악한 투자 환경에서도 벤처기업의 성장은 도드라진 것이었다. 하지만 실재 잠재력에 비하면 성장 정도는 한참 처지는 것이었다. 절대적 기준으로 보더라도 중국에 크게 뒤지고 있는 형편이다. 대기업조차 벤처기업이 내놓은 기술을 기반으로 삼아 성장하는 모습이 새로운 시대 추세임을 감안하면 이러한 현상이 한국 경제 전반에 악영향을 미쳤을 소지가 매우 컸다.

**셋, 사람 없는 자동화로 인한 일자리 감소와 생산성 저하**

신자유주의 유입과 함께 효율을 중시하는 미국식 경영 논리가 널리 일반화되었다. 그 핵심은 사람을 철저하게 비용으로 간주하면서 인력을 줄여 자본 이윤을 상승시키는 데 있었다. 그 대표적인 수단은 사람을 기계로 대체하는 사람 없는 자동화였다. 한국은 이 점에서 강력했다.

한국은 산업용 로봇 사용률 세계 1위를 기록할 만큼 자동화가 빠르게 진행된 나라이다. 이러한 과정은 제조업의 일자리 창출 능력의 지속적인 감소와 소비 시장 위축으로 이어졌다. 문제는 여기서 그치지 않았다. 사람 없는 자동화는 기대했던 생산성 상승과 기업 경쟁력 강화를 가져다주지도 못했다. 도리어 기업을 '자동화 함정'에 빠트리면서 정반대 상황에 직면하도록 만들었다. 동일한 동작만을 기계적으로 반복할 가능성이 큰 자동화 기계에 과잉의존하게 되면서 변화하는 시장 상황에 신속하고 유연하게 대처하기가 어려워졌다. 더불어 갈수록 대세가 되고 있는 고객 맞춤형 제품 서비스 개발과 AS에서도 뒤처질 수밖에 없었다. 이러한 요인으로 한국 기업들은 자동화를 의욕적으로 추진했으나 경쟁력이 더 약해지는 결과를 초래했다.

신자유주의는 극단적인 자본 중심 경제이다. 한국은 외환위기를 거치면서 이를 더욱 극단적으로 수용했다. 벤처기업 투자 환경에서 드러나듯이 본고장인 미국보다 훨씬 더 천박한 수준에서 자본 중심 논리를 체화했다. 그 결과는 기업의 투자 능력을 잠식하고, 벤처기업 발전을 가로막으며, 기업의 일자리 창출 능력과 생산성 모두를 감소시키는 것으로 나타났다.

이 모든 장애 현상이 장기화되고 구조화되면서 일자리 감소, 소비 시장 위축, 수출경쟁력 약화라는 한국 경제 3대 기저질환으로 이어졌다. 한국 경제 기저질환의 근원은 신자유주의라는 이름의 극단적 자본 중심 경제에 의한 지독한 감염이었다. 한국 경제 3대 기저질환이 익숙한 처방으로는 쉽게 치유되지 않은 채 여전히 지속되고 있는 이유이다.

이 사실은 한국 경제 3대 기저질환과 사회적 양극화, 불평등 심화라는 사회적 질환 사이에 존재하는 필연적 연관성을 더욱 명료하게 설명해준다. 논리적으로 보면 매우 간단하다. 신자유주의를 관통하는 승자독식 논리는 승자 이외의 다수를 배제 대상으로 삼거나 재물로 삼는다. 소수의 승자를 만들기 위해 다수를 패자의 구렁텅이로 밀어 넣는 구조인 것이다.

흔히 벌어지는 한 장면은 이를 극적으로 입증한다. 특정 기업에서 대규모 정리해고가 뒤따르는 구조조정 계획을 발표하면 노동자들 사이에서는 탄식 소리가 흘러나오지만 증권가에서는 환호 소리가 울려 퍼진다. 구조조정이 해당 기업 주가 상승으로 이어질 것이기 때문이다.

사회적 양극화, 불평등 심화는 다수의 소비 능력을 약화했다. 이는 곧바로 소비 시장 위축으로 인한 저성장의 구조화로 이어졌고 나아가 매출 감소로 기업의 고용 능력을 더욱 악화했다. 이는 다시 사회적 양극화를 심화시킴으로써 뱀이 제 꼬리를 삼키는 악순환의 고리를 형성했다. 시장경제가 원활히 작동하지 못한 채 활력을 잃어가고 있는 형국이다.

2008년 글로벌 금융위기를 거치면서 신자유주의는 기세가 한 풀 꺾였다. 하지만 신자유주의가 뿜어낸 독소는 아직 해독되지 않은 채 한국 사회에 그대로 깃들어 있다. 설령 신자유주의에서 어느 정도 벗어났다 하더라도 다소 완화된 자본 중심 경제가 여전히 한국 사회를 지배하고 있다.

외환위기 이후 한국에서 자본 중심 경제는 명백하게 시장경제의 원활한 작동을 어렵게 하는 질곡으로 작용했다. 서구 사회가 수십 년 걸려 도달한 지점을 한국은 겨우 몇 년 만에 점프하듯이 발을 내디뎠다. 자본 중심 경제의 작용에만 초점을 맞춘다면 한국은 가련하게도 너무 일찍 늙은 나라가 되어버렸다. 과거 초고속 압축성장을 거친 나라가 이제는 초고속 압축노화 과정을 겪은 것이다. 젊은 청년들을 절망하게 만드는 근원일 수 있다.

물론 이게 전부가 아니다. 한국 사회의 또 다른 한편에는 젊고 혈기왕성한 기운이 용솟음치고 있다. 자본 중심 경제의 질곡으로부터 시장경제를 해방시킬 수 있는 에너지가 축적되고 있다. 어쩌면 한국은 전혀 이질적인 두 세계가 극적인 충돌을 빚고 있는 대표적인 나라일지도 모른다.

## 심오한 사회정치적 파장

이야기를 시작하기 전에 쓸데없는 오해를 없애기 위해 진보 보수라는 용어를 되짚어볼 필요가 있다.

진보 보수는 아주 상대적인 개념이다. 진보 맞은편에 있는 쪽이 보수이고, 보수 맞은편에 있는 쪽이 진보라고 생각하면 된다. 동일한 내용이라도 시대와 나라에 따라 얼마든지 위치가 달라질 수 있다. 예를 들면 한국에서 자유주의는 보수 쪽에 속하지만 중국에서는 진보에 속한다. 진보 보수를 가르는 절대적 기준이란 있을 수 없다. 혹자는 자본주의에 대한 인정 여부를 갖고 진보 보수를 나누기도 하는데, 어디까지나 주관적 기준일 뿐이다.

비슷한 용어로 좌파와 우파라는 표현이 있다. 대체로 좌우 대결 구도를 고수하려는 관점에서 진보와 좌파, 보수와 우파를 동의어로 사용하곤 한다. 하지만 둘은 엄연히 다른 개념이다. 좌파 우파는 근대 이후 노동과 자본의 분열 대립을 근원으로 하는 범세계적 이념 대결이 낳은 개념이다. 앞으로 좀 더 자세히 살펴볼 기회가 있겠지만 좌우 이념 대결은 3차 산업혁명 이후 유효성을 잃었다. 좌우 대결 구도는 해체되어야 할 구시대 유물이다.

반면 진보 보수는 매우 일반적이고 상대적인 개념이기 때문에 변함없이 사용될 수밖에 없다. 좌파 우파는 이념 집단의 성격이 강하지만 진보 보수는 반드시 그런 의미를 담고 있지는 않다. 다만 시대 상황 변화에 따라 그 내용이 끊임없이 재구성되는 특성이 있을 뿐이다. 이런 전제 아래서 자본 중심 경제가 위기에 직면한 작금의 상황이 진보와 보수 세계에 어떤 영향을 미치는지 살펴보자.

1991년 소련 사회주의 체제 붕괴와 함께 대부분의 사람들은 자본주의의 역사적 승리를 믿어 의심치 않았다. 자본주의는 인간의 의지로 교체하거나 넘어설 수 없는 초월적 질서가 되었다. 사람들의 인식 체계는 자본주의 안에 갇혀 꼼짝달싹 못 하는 포로가 되어 있다. 자본주의 질서 안에서 벌어지는 현상은 상당 부분 감수할 수밖에 없다고 보거나 그 언제인가 다가올 막연한 변화에 기댈 수밖에 없는 형편이 되었다. 새로운 세계를 향한 상상력은 날개가 꺾인 상태이다.

하지만 지금까지 살펴본 것처럼 자본주의는 성격을 달리하는 시장경제와 자본 중심 경제로 구성되어 있으며, 두 범주는 서로 다른 궤도를 달리고 있음이 명확해졌다. 시장경제는 보편 기제임이 분명해졌지만 자본 중심 경제는 시장경제의 질곡으로 전락하면서 수명이 다해가고 있다.

불행하게도 인간 세계는 아직까지도 변화를 제대로 인식하지 못하고 있다. 객관 세계의 변화와 인식 간의 괴리가 극심한 수준에 이르고 있다. 그런데 전반적인 상황은 변화를 제대로 인식하지 못하면 문제를 전혀 해결할 수 없는 방향으로 흐르고 있다. 이러한 현상은 사회정치적으로 매우 심오한 영향을 미칠 것이다. 근원적 위기에 먼저 직면한 쪽은 보수 세계이다.

현재 한국 보수의 사고는 대체로 자본 중심 경제 안에 갇혀 있다. 보수는 자본 운동 중심으로 경제를 대하는 경향이 강하다. 그들에게 자본 투자는 여전히 경제 발전의 출발점이며, 자본 투자 활성화의 유일한 처방은 이윤을 더 쉽게 획득할 수 있도록 규제를 푸는 것이다. 보수 논객들이 고장 난 레코드판처럼 입만 열만 규제 완화만을 반복해서 외치는 것은 이런 맥락에서다.

규제는 시대 상황에 맞게 지속적으로 개선해야 한다. 없애거나 고쳐야 할 부분도 있고 새로 만들거나 강화해야 할 부분도 있다. 사안에 따라 규제 완화가 필요한 지점이 많을 수도 있다. 이것조차도 그에 상응하는 환경 개선이 함께 이루어져야 해결될 가능성이 크다. 그렇지 않고 규제 완화만을 고집하면 행정과 현실이 괴리되고 갈등이 커져 결국 충돌할 가능성이 크다.

이런 사정을 감안하면 규제 완화만을 반복해서 외치는 보수의 모습은 이들이 그 이외에는 달리 할 말이 없을 만큼 무기력해져 있음을 반증한다. 지금의 보수는 새로운 대안을 제시하기 쉽지 않은 상태이다. 수명이 다된 자본 중심 경제 안에 자신을 가두고 있는 조건에서 빚어진 필연적 결과이다.

한국의 보수 정치권은 이러한 보수 세계의 한계를 가장 집약적이면서도 적나라하게 보여주고 있다. 이명박 정부 이후 보수 정치권은 대안 제시 및 문제 해결 능력을 거의 상실했다고 해도 과언이 아니다. 지지자들이 보기에도 너무 무능했다. 재기 넘치는 인물도 이 세계에 들어가면 오래지 않아 바보가 되었다. 지역주의와 좌우 대결 구도 등 퇴행적인 유산에 의지해 겨우 연명해왔을 뿐이다.

현재 한국 보수 정치를 이끌고 있는 주역은 산업화세대이다. 이들은 산업화 성공의 추억만 품은 채 새로운 미래를 열어갈 안목과 능력을 거의 잃은 상태이다. 이대로는 대전환기에 대처할 수 없으니 정치적 수명이 끝난 것이나 다름없다. 보수 정치가 직면한 더욱 심각한 문제는 산업화세대를 넘어설 후속 세력이 존재하지 않는다는 점이다. 보수 정치가 상당 기간 혼돈 속으로 빠져들 가능성이 큰 이유이다.

모든 경우가 그러하듯이 보수 정치가 혁신적으로 새 출발을 할 가능성은 얼마든지 열려 있다. 한국의 미래를 위해서 반드시 건강하고 혁신적인 보수 정치가 새롭게 출현해야 한다. 이를 계기로 보수 세계 전체가 혁신적으로 재구성될 수 있기를 희망한다. 하지만 산업화세대가 추축이 된 기존 보수 정치세력의 퇴장은 어느 모로 보나 불가피해 보인다.

한국 진보 세계는 어떠한가? 현재 상태만 놓고 보면 보수 세계가 겪은 위기를 재현할 가능성을 완전히 배제할 수 없다. 자본 중심 경제에 대해서는 어느 정도 비판적 견해를 취하고 있지만 이를 넘어설 충분한 안목과 의지를 갖추고 있지 못하다. 마찬가지로 구시대 안에 갇혀 있다.

진보 성향을 띤 수많은 학자, 정치인, 전문가 들이 4차 산업혁명으로 인해 일자리가 줄어들고 적어진 일자리를 놓고 경쟁이 격해지면서 저임금 구조가 고착될 것을 우려하고 있다. 하지만 이는 정확한 인식이 아니다. 문제가 발생한 지점은 4차 산업혁명이 자본 중심 경제라는 바탕 위에서 작동한 데 있었다. 똑같은 4차 산업혁명이라도 서로 다른 경제 시스템은 서로 다른 결과를 낳는다. 앞으로 우리는 이 점을 더 구체적으로 확인할 것이다.

일자리 감소와 저임금 구조 고착을 어쩔 수 없는 현실로 받아들이는 것은 사고가 자본 중심 경제를 크게 벗어나지 못한 결과이다. 비판적 이성이 잠을 덜 깬 상태라고 할 수 있다.

진보 세계에 속해 있는 많은 사람들이 경제 환경을 근본적으로 바꾸기 위한 노력을 포기한 채 제 나름대로 해법을 찾아 나서고 있다. 고통의 근원을 제거하기보다 고통을 완화하는 방법을 찾고 있다. 혹자는 로봇세 징수를 바탕으로 한 실업 구제를 주장하지만, 그것은 사태를 제대로 파악하지 못한 비현실적 처방일 뿐이다. 앞서 이야기한 대로 사람 없는 자동화는 기업을 자동화 함정에 빠트리면서 경쟁력을 잃게 만든다. 아예 문을 닫거나 힘겹게 연명하기 쉽다. 원하는 만큼 세금을 낼 능력을 갖기가 힘들다. 로봇세는 관념 속에서만 존재할 수 있을 뿐이다. 로봇세 아닌 다른 징수 방법을 모색해도 결과는 크게 다르지 않다.

일자리가 줄고 저임금 구조가 정착되면 소비 시장이 더욱 위축되면서 경기 침체는 한층 깊어지고 장기화된다. 경기가 곤두박질치면 부동산 거품이 붕괴되고 그 여파로 금융위기 가능성이 함께 커진다. 정부 차원에서 세금을 더 걷을 여지가 몹시 협소해지는 것이다. 이는 복잡한 경제학 이론의 도움이 필요 없는 정말 상식적인 이야기이다.

사정이 이러한데도 일부 진보 인사가 일자리 감소와 저임금 구조 정착을 기정사실로 간주하면서 해법의 하나로 기본소득 도입을 주장한다. 모든 국민들에게 조건 없이 매달 일정액을 제공하는 방식으로 기존 복지 체계를 간결하게 대체하자는 이야기이다. 일각에서 기본소득 월 30만 원을 이야기하기도 한다. 한국의 인구가 5,000만 명 정도임을 감안하면 연간 180조 원의 예산이 필요하다. 2020년 중앙정부 예산이 500조 원대였음을 고려하면 결코 만만치 않은 규모이다. 예산 확보가 쉽지는 않겠지만 일단 가능하다고 가정해보자.

그간의 예처럼 기본소득을 옹호하는 견해라면 청년세대를 향해 이렇게 이야기해야 할 것이다. "4차 산업혁명으로 일자리가 줄어드는 것은 피할 수 없습니다. 실업자가 될 것을 각오해야 합니다. 그 대신 월 30만 원 기본소득을 보장할 테니 그것으로 만족하고 어떻게 살아갈지 고민하세요!" 과연 청년세대가 이런 제안에 대해 만족하고 수긍할 수 있을까?

이것저것 떠나 기본소득은 사회적 합의가 거의 불가능한 제도이다. 무엇보다도 기본소득은 OECD 보고대로 기존 복지의 대체 결과 하위 계층 몫이 사라지면서 불평등 심화로 이어질 가능성이 매우 크다. 복지전문가들이 '역진적 복지제도'로 규정하는 지점이다.

더 급진적인 변화를 추구했던 진보정당 주축 세력의 '극단적 자아 분열' 또한 새로운 세계로의 비상을 어렵게 만들고 있다. 진보정당 주축 세력은 관념적으로는 시장경제를 포함한 자본주의 체제에 반대하는 태도를 취하는 경향이 강하다. 적어도 자본주의를 지지하지는 않는다. 하지만 정치 실천에서는 복지 확대 등 자본주의 안에서의 개혁에 치중하고 있다. 이는 자본 중심 경제를 암묵적으로 인정하는 것이다.

그간의 논의에 비춰 보면 자본주의 체제에 대한 관념적 반대나 자본 중심 경제의 인정 모두 그릇된 판단에 기초한 오답일 뿐이다. 오답과 오답 사이를 어지러이 오가면서 어떻게 시대가 요구하는 대안을 찾아낼 수 있겠는가? 원천적으로 불가능한 일이다. 참고로 자본주의 내 개혁을 추구했던 유럽의 사회민주주의는 수선 작업을 반복하면서 '누더기'가 되었고, 문제 해결 능력이 계속해서 약화하면서 정치적 위상이 떨어지는 추세이다.

진보의 세계 또한 전면적 재구성이 불가피해 보인다. 현재 진보 세계의 주역은 민주화세대이다. 민주화세대는 산업화세대보다 사정은 조금 나은 편이지만 과거 민주화 성공의 추억에 기댄 채 새로운 미래를 열 안목과 능력을 키우지 못한 점은 크게 다르지 않다. 이들 역시 수명이 다해가고 있는 것이다. 진보 세계가 확연히 다른 점은 민주화세대를 넘어설 후속 세대가 존재한다는 점이다. 이에 대해서는 뒤에서 살펴볼 예정이다.

불행 중 다행인가. 숱한 고통을 안겨다 준 코로나전쟁은 진보 보수를 가릴 것 없이 낡은 관성에서 벗어나 세상을 새로운 시선으로 보도록 자극했다. 헛된 관념의 포로가 되어 허우적거리는 인간이 얼마나 어리석은 존재인지를 깨우쳐주었다. 자연 섭리와 역사의 오묘함에 새삼 고개가 숙여질 뿐이다. 과연 이 계기를 어느 누가 의미 있게 잘 소화해낼 것인가? 그에 따라 향후 각자의 미래는 결정적으로 달라질 것으로 보인다. 모두가 운명의 기로에 서 있다.

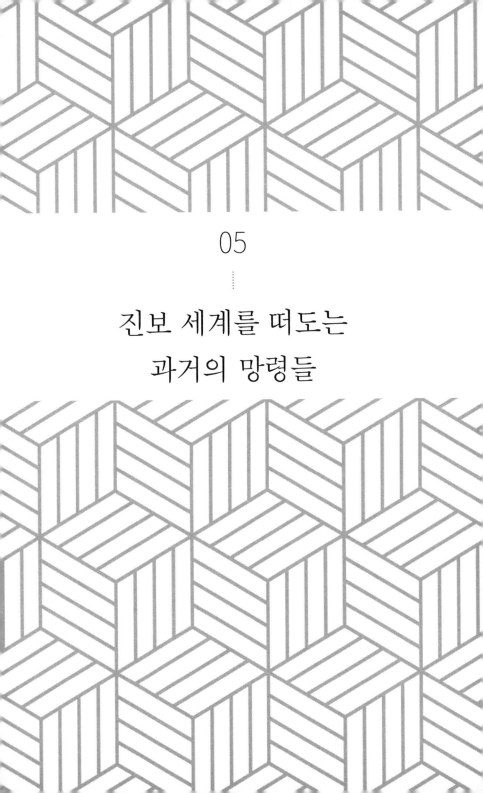

05

진보 세계를 떠도는
과거의 망령들

앞서 사람은 관념의 동물이라 했다. 어쩔 수 없이 우리는 이 이야기를 다시 한번 끄집어내야 할 것 같다.

사람은 자신이 만든 관념의 지배를 받는다. 때로는 관념에 모든 것을 바쳐 충성하기도 한다. 관념들이 모여 전일적 체계를 갖추면 사상이라는 이름의 사유의 집이 완성된다. 사람은 그 사유의 집에 머물 때 심리적 안정을 누린다. 세상을 일관되면서도 통일적으로 볼 수 있는 눈을 갖게 되고 정당성을 보장받으면서 문제 해결 능력까지 발휘할 수 있다.

문제는 그 관념이 변화하는 객관 세계를 제대로 반영하고 있느냐에 있다. 이 점에서 우리는 철학적 유물론의 도움을 받을 필요가 있다. 만약 객관 세계의 변화와 어긋나 있다면 그 관념은 잘못된 것이다. 이를 바탕으로 진행된 사유는 필연적으로 오류에 빠질 수밖에 없다.

그런데 사람의 두뇌에는 객관 현실과 어긋난 관념들이 매우 오랫동안 버티면서 물러나지 않는 경우가 매우 많다. 앞서 이야기했던 것처럼 찬란했던 과거의 기억에 결박된 관념은 쉽게 지워지지 않는다. 논리적 정합성을 갖춘 사상 체계가 사고를 지배하고 있을 때 그 일부를 구성하는 관념 역시 객관 세계와의 불일치에도 불구하고 완강하게 버티기 쉽다. 문제의 관념을 집단이 공유하고 있다면 가능성이 더욱 크다. 그 결과, 보고 싶은 장면만을 보는 이른바 확증편향이 생겨난다.

오늘날 한국의 진보 세계에는 현실 변화와 괴리된 관념들이 상당 정도 남아 있다. 생명력을 잃은 과거의 망령들이다. 그럼에도 여전히 흐릿한 빛을 내면서 사람들의 눈길을 사로잡고 있다.

이유가 있다. 아무도 가지 않은 길을 가는 것은 매우 위험하고 두려운 일이다. 반면 남이 닦아놓은 길을 따라가는 것은 안전하기도 하고 편안한 선택이다. 이전에 없던 새로운 모델을 찾아 나서는 것은 대단히 힘들고 어려운 일이다. 반드시 성공한다는 보장도 없다. 그래서 사람들은 어느 곳에서인가 충분히 검증된 결과에 의존해 해답을 찾게 된다. 과거 유산의 상속자가 되는 것이야말로 성공을 보장받을 수 있는 가장 확실한 길이라 여긴다.

하지만 시장경제가 여전히 보편기제로 작동하고 있는 가운데 자본 중심 경제가 수명이 다해가면서 인류는 일찍이 겪지 못했던 전혀 새로운 상황에 직면했다. 어느 모로 보나 완전히 새로운 모색을 할 수밖에 없는 상황이다. 여기서 과거의 망령은 심각한 장애로 작용할 수밖에 없다. 과거의 망령들을 쫓다가는 시궁창에 빠질 수도 있고 벼랑 아래로 떨어질 수도 있다. 우리는 이들 과거 망령들의 미혹을 물리치고 새로운 등불을 밝힐 필요가 있다.

지금부터 진보 세계를 떠도는 대표적인 과거의 망령 네 가지를 짚어보고자 한다. 물론 이는 누구에게나 해당되는 절대적인 현상이 아닌 유력한 경향을 가리키는 이야기이다. 유념하기 바란다.

## 국가만능주의 속에 깃든 망령

직업이나 사회적 지위에 관계없이 진보 성향 사람들이 문제를 진단하고 처방을 내릴 때 일정한 습관이 있다. 결론이 대체로 비슷하다. "정부가 나서라! 국가가 책임져라!" 어느 정책이 제대로 효과를 내지 못하면 현실 타당성 여부를 점검하기에 앞서 정부 관계자의 의지부터 의심하는 경우가 많다. 좀 더 세게 밀어붙이면 될 수 있는데 그러지 못해 문제라는 것이다. 사실상 국가를 문제를 해결하는 유일한 주체로 상정하고 있다. 그 밖의 모든 영역은 문제 해결의 대상이다. 시장은 조율 통제 대상이며 국민은 종종 구제 대상으로 간주한다. 이런 견지에서 보자면 최고의 지도자는 국가권력을 관장하는 정치인이며, 진정한 리더십은 정치적 리더 십이다. 국가가 모든 것을 관장하고 해결할 수 있다는 암묵적 전 제가 작동하고 있다.

문제의 핵심은 국가와 시장의 관계에 있다. 국가만능주의 관념 은 다분히 국가가 시장을 발아래 두고 통제하던 시절에 싹튼 것이 다. 되돌아보면 소련식 국가사회주의 체제는 물론이고 자본주의 의 황금기 시절에 꽃핀 복지국가도 국가 우위가 유지된 체제였다. 국민경제는 정부 재정을 중심으로 움직이고 정부 재정은 복지 지 출을 중심으로 움직였던 것이다. 한국 또한 권위주의 시절에는 국가 절대 우위가 유지되었다. 박정희 시대에는 자원 배분에서 가격 결정에 이르기까지 국가의 시장 통제는 전방위적이었다. 전 두환 시대에도 국제그룹 예처럼 정부에 밉보이면 재벌도 하루아 침에 해체되었다.

하지만 시간이 지나면서 양상이 완전히 바뀌었다. 소련식 국가 사회주의 체제는 붕괴해 사라졌다. 복지국가를 추구했던 나라들 에서도 신자유주의로의 전환과 함께 중심축이 시장으로 이동했 다. 한국 또한 비슷한 길을 걸어왔다. 금융기관 등 국가통제를 뒷 받침했던 수단들은 자유화 민영화를 통해 시장으로 넘어갔다. 반 면 시장 주체인 기업은 꾸준히 실력을 키워 힘에서 국가를 능가 하기에 이르렀다. 권력은 시장으로 넘어갔다는 노무현의 발언은 이를 반영한다.

경제적 의미에서 국경선을 지워버린 세계화는 국가와 시장의 관계를 또 다른 국면으로 진입시켰다. 기업이 자유롭게 국경을 넘나들 수 있게 되면서 국가의 시장 통제가 더욱 어려워졌다. 국가가 힘의 우위를 바탕으로 시장을 임의로 조율 통제하는 것은 이제 가능하지 않다. 시장은 종종 국가통제에 저항하기도 하고 심지어 역습을 가해 무력화하기도 한다. 문재인 정부가 의욕적으로 추진했던 소득주도 성장 정책의 결과는 이를 적나라하게 확인해준 사례였다.

현실이 이러한데도 정치권을 중심으로 한 진보 세계는 여전히 국가의 역할만을 강조하고 있다. 보수 논객들이 집요하게 공격하는 재정만능주의도 그러한 경향의 일부이다. 재정만능주의자들은 정부 재정을 통한 문제 해결에만 집착하고 그 이외에 별 관심을 두지 않는다. 그런데 조금 더 자세히 들여다보면 문제가 그리 간단치 않음을 알 수 있다. 진보 세계에 속하는 사람들도 국가 절대 우위 시대가 지났다는 사실을 전혀 모르는 바는 아니다. 그간의 변화를 환기시키면 대체로 수긍한다. 그런데도 국가 우위 시대에 형성된 관념은 사라지지 않고 끊임없이 재생되고 있다. 세상이 크게 달라졌음을 알면서도 낡은 관념에 집착한다. 중요한 것은 바로 이 지점이다. 문제 발생의 근원은 다른 데 있다.

지금의 진보 세계에 속하는 사람들 중에는 1980년대에 체제 변혁을 꿈꾸며 열정을 불태운 경우가 많다. 대체로 사회주의에

우호적이었으며 적극 지향하는 경우도 꽤 많았다. 하지만 1991
년 소련 붕괴의 충격은 모든 것을 바꾸어놓았다. 체제 변혁의 열
망은 거품처럼 사라졌다. 거꾸로 체제 변화를 모색하는 모든 시
도는 시대착오적인 거대담론으로 규정되어 경원시되었다.

이러한 과정을 거쳐 고민의 폭과 시야가 모두 극도로 좁아졌
다. 사회경제 시스템의 근본적 전환에 대한 탐색은 머릿속에서
사라지고 없었다. 이들이 기댄 사실상 유일한 언덕은 국가의 역
할이었다. 상당수 진보적 정치인의 머릿속에 들어 있는 생각은
오직 세금을 더 걷어 복지를 늘리는 것뿐이었다.

관념의 동물 인간은 설령 현실과 배치되더라도 관념 세계에서
논리적 정합성을 추구하는 경향이 있다. 국가에 의존한 해법이
전부라는 사고가 정당화되려면 국가가 모든 문제를 해결할 수 있
다는 전제가 확립되어야 한다. 마찬가지로 재정 수단에 모든 것
을 거는 사고가 정당화되려면 정부 재정이 경제 문제 모두를 해
결할 능력을 지니고 있다는 전제가 확립되어야 한다. 결국 몹시
좁아진 시각과 해결 능력의 총체적 빈곤이 국가에 대한 과도한
집착을 불러왔고 의도와 무관하게 과거의 망령이 된 국가만능주
의 관념을 끊임없이 재생하도록 만든 것이다.

근대 이후 진보 흐름을 지배한 프레임은 노동 대 자본과 그로
부터 파생된 공적 소유 대 사적 소유 그리고 국가 대 시장이었다.
한국 진보 세계에서 노동 대 자본, 공적 소유 대 사적 소유 프레임

은 상대적으로 혹은 절대적으로 약화되었다. 그 와중에서 여전히 작동한 것은 국가 대 시장 프레임이었다. 국가 대 시장 프레임 안에서 해답을 찾을 소지가 컸다.

## 노동운동 추억 속에 깃든 망령

자본주의 한복판에서 태동한 노동운동은 오랜 시간 영광스러운 역사를 이어왔다. 노동운동은 민주주의 제도 정착의 중심축이었다. 노동운동은 민주주의의 꽃인 보통선거 제도를 도입하는 데서 주도적인 역할을 수행했다. 노동자의 권리 증진과 민주주의 진전은 정확히 일치했다.

노동운동은 다소 과장된 측면이 없지 않았지만 사회주의혁명의 주요 동력으로 기능했다. 사회주의혁명은 1, 2차 세계대전을 거치면서 가장 넓은 나라인 러시아와 최대 인구 대국 중국을 포함해 광범위한 세계를 포괄하기에 이르렀다. 그뿐이 아니었다.

노동운동은 사회민주주의자들이 주도한 유럽의 복지국가에서도 실질적인 주역이나 다름없었다. 유럽 노동운동의 힘은 막강한 수준에 이르렀다. 한때 스웨덴의 산별노조는 전체 노동자의 80%를 포괄했고, 독일 금속노조는 조합원 수가 300만에 이를 정도였다. 이를 기초로 노동운동은 자본가 계급이 복지국가 건설에 협력하도록 이끈 사회적 대타협을 성사시킬 수 있었다.

2차 세계대전 이후 수십 년간 노동운동은 가히 세계의 절반을 점령했다고 할 정도의 전성기를 누렸다. 진보적 관점에서 볼 때 노동운동은 새로운 미래를 기획할 수 있는 핵심 동력이었다. 자연스럽게 우리 모두는 이러한 질문을 던질 수 있다. 영광스러운 노동운동의 역사는 지금 이 순간 대한민국 땅에서도 변함없이 작동할 수 있는가? 과연 2020년 대한민국에서도 여전히 노동운동은 새로운 미래를 기획할 수 있는 핵심 동력인가? 다각적인 조명이나 이론 분석을 생략하고 오직 이 한 가지 기준으로 지나온 노동운동의 궤적을 냉엄하게 되짚어보자.

세계 노동운동의 영광스러운 발자취는 한국 사회에도 절대적인 영향을 미쳤다. 민주화투쟁 열풍이 불던 1980년대 미래의 주역을 꿈꾸었던 학생운동 출신 젊은 활동가들은 앞다투어서 노동 현장에 투신했다. 이들이 불꽃 역할을 하면서 도처에서 노동운동이 점화되어갔다.

1987년 6월 민주화투쟁이 승리의 고지에 올라서자 노동운동은 대폭발을 일으켰다. 같은 해 7, 8, 9월 3개월에 걸쳐 전국적인 파업투쟁이 휘몰아쳤다. 투쟁의 물결을 타고 일시에 1,200개가 넘는 민주노조가 세워졌다. 그 같은 추세는 몇 년간 이어졌다. 사태 전개는 노동운동을 원동력으로 새로운 혁명이 일어나기를 확신하기에 충분할 정도였다. 조바심을 느낀 일부 젊은이는 남들이 부러워하는 직장을 포기하고 노동운동에 합류하기도 했다. 폭발적 확산을 거듭한 민주노조 대열은 1995년 민주노총(전국민주노동조합총연맹, KCTU) 건설로 모아졌다. 그러한 민주노총에 자신의 힘을 과시할 기회가 찾아왔다.

김영삼 정부 시절인 1996년 말 여당이 개악된 노동법을 단독으로 날치기 통과시키는 사건이 일어났다. 민주노총은 곧장 총파업투쟁으로 응수했다. 1997년 초까지 이어진 총파업투쟁은 절대다수 국민의 지지를 받으며 정부를 굴복시키는 데 성공했다. 정부는 날치기를 철회했고, 민주노총 간부 검거령도 모두 취소했다. 민주노총은 일거에 세계 노동운동계의 영웅으로 떠올랐다.

하지만 자부심 넘쳐나는 영광의 순간은 1년을 채 넘기지 못했다. 총파업투쟁의 열기가 남아 있던 1997년 말 예의 외환위기가 발생했다. 국민경제가 통째로 무너질 수 있다는 공포감이 휘몰아치는 가운데 노사정위원회는 정리해고와 비정규직 확산을 뒷받침하는 각종 제도를 도입하는 데 합의했다. 민주노총 또한 합의에 동참했고 대의원대회는 이를 추인했다.

위급한 상황에서 타협이 불가피했던 것은 사실이다. 하지만 합의 내용이 야기할 파괴적 영향을 고려하면 최소한 한시법으로 못 박았어야 했다. 민주노총의 시각에서 볼 때 노사정위원회 합의는 타협이 아니라 명백한 백기 투항이었다. 민주노총이 합의 대가로 얻은 복수노조 허용, 전교조 합법화, 노동조합 정치활동 보장 등은 거래 대상이 아니라 당연히 누려야 할 권리의 일부였다.

노동운동이 잘못된 선택으로 치른 대가는 혹독했다. 노동현장에는 정리해고 칼바람이 불고 비정규직이 빠른 속도로 확산되어 갔다. 노조는 제 나름대로 사력을 다했으나 거센 폭풍을 막기는 역부족이었다. 조합원들은 즉각적으로 노조가 자신들의 운명을 끝까지 책임져줄 수 없음을 간파했다. 자신을 책임져줄 수 있는 것은 오직 자기 자신뿐이었다. 각자도생이 노동현장을 지배했다. 언제 닥칠지 모를 해고에 대비해 한 푼이라도 더 벌기 위한 생존의 아귀다툼이 현기증 나게 벌어졌다. 일감을 놓고 노동자들끼리 다투기도 했다. 노조는 조합원의 호주머니를 조금이라도 더 채우려 노력하는 '자판기'가 되어갔다. 그러한 과정이 누적되면서 민주노총의 주축을 이루고 있는 대기업과 공공부문 정규직 노동자의 소득 수준은 꾸준히 향상되어갔다. 마침내 고액연봉을 받는 우리 사회 중상위 계층에 합류하기에 이르렀다. 그 결과 자신의 처지를 보는 시각에도 중대한 변화가 일어났다.

1990년 현대중공업 노조 파업 때 있었던 일이다. 노조는 강력 투쟁의 일환으로 골리앗 크레인에서 고공 농성을 단행했다. 당시 노조 지도부를 포함한 투쟁의 주축은 대부분 20대 후반에서 30대 초반 노동자였다. 그런데 골리앗 농성장에는 당시로서는 거의 노인 취급을 받던 40대 노동자 한 명이 동참하고 있었다. 의아함을 느낀 젊은 노동자들이 물었다. "어떻게 해서 이 어려운 자리에 함께하게 되었습니까?" 40대 노동자는 이렇게 답했다. "내 삶을 자식에게 물려주지 않기 위해서입니다.” 이 짧은 한마디는 당시 노동자들의 삶이 어떠했고 노동자 스스로 이를 어떻게 인식했는지를 간명하게 드러내준다.

그런데 바로 이 지점에서 양상이 완전히 바뀐 것이다. 오늘날 대기업과 공공부문 정규직 노동자들은 자신의 지위를 자식에게 물려주고 싶어 한다. 어느 대기업 노조는 단체협약에 조합원 자녀 우선 채용 조항을 포함시키면서 사회적 물의를 빚은 적도 있었다. 자신의 삶을 자식에게 물려주지 않으려고 투쟁했던 노동자들이 이제는 자식에게 자기 자리를 물려주고 싶어 안달이다. 이보다 더한 극적인 변화가 어디 있겠는가. 대기업과 공공부문 정규직 노동자에게 현재의 지위는 벗어나고 싶은 자리가 아니라 지켜야 할 그 무엇이 되었다. 한마디로 기득권이 된 것이다.

모든 기득권은 당사자의 노력을 통해 획득된 것이기도 하지만 상당 정도는 누구인가의 희생을 대가로 얻어진다. 그렇지 않으면 굳이 기득권을 문제 삼을 어떠한 이유도 없다. 대기업과 공공부문 정규직 노동자의 기득권은 원천적으로 중소기업과 비정규직 노동자의 희생 없이는 얻을 수 없는 성질의 것이다. 바로 여기서 무서운 진실이 발견된다.

민주노총은 외환위기 직후 노동자의 희생을 강제하는 제도를 도입하는 데 찬성했다. 원죄가 있는 조직이다. 그런데 정작 조직의 주축인 대기업과 공공부문 정규직은 바로 그 희생을 바탕으로 기득권을 누리는 세력이 되었다. 조직의 정당성을 근본적으로 의심하게 만드는 지점이다. 이 점을 제대로 인식한다면 민주노총은 어디 가서 고개 들고 다니면 안 되는 처지이다. 민주노총은 왜 절대다수 국민이 자신에게 따가운 시선을 던지는지 똑바로 알 필요가 있다.

대기업과 공공부문 정규직의 기득권 세력으로의 전락은 누가 봐도 분명한 사실이 되었다. 이러한 현실을 직시한 많은 노동운동가들은 비정규직 조직화로 눈을 돌렸다. 비정규직 조직화가 절실한 과제인 것은 두말할 나위가 없다. 하지만 여기에도 불편한 진실이 숨어 있다.

그간 비정규직을 둘러싼 이슈는 주로 대기업과 공공부문을 중심으로 제기되어왔다. 중소기업에서 해당 이슈가 발생한 경우는 찾아보기 어려웠다. 이유는 복잡하지 않았다. 비정규직 처지에서 볼 때 중소기업에서 정규직으로의 전환은 인생을 걸 만한 가치가 없기 때문이었다. 중소기업 비정규직은 대체로 현재 위치를 잠시 머무는 곳 정도로 생각하는 경향이 강하다. 노조 결성을 권유하면 내가 평생 이렇게 살 사람으로 보이냐며 불쾌하게 받아들이기도 했다. 대기업과 공공부문은 사정이 완전 다르다. 이곳에서 정규직으로의 전환은 인생을 걸 충분한 가치가 있었다. 정규직 전환을 요구하는 투쟁이 일어나는 합리적 이유였다.

냉정하게 보자면 대기업과 공공부문에서의 정규직 전환 요구는 상반된 두 측면을 동시에 갖는다. 하나는 부당한 차별 철폐를 요구하는 지극히 정당한 측면이다. 다른 하나는 의도와 관계없이 정규직이 누리는 기득권에의 참여를 요구하는 측면이다. 이는 정규직으로 전환된 뒤 기득권에 집착하며 납작 엎드리는 모습에서 쉽게 확인된다. 노동운동가들이 의도한, 비정규직이 조직화해 세상을 바꾸는 노동운동으로 변신하는 일이 쉽지 않음을 말해준다.

과연 노동운동이 이 모든 한계를 극복할 수 있을까? 세 가지 지점이 전망을 한층 어둡게 만들고 있다.

**첫째, 젊은 조합원일수록 더 보수적이다.** 현재 한국 노동운동의 주축은 50대이다. 노조 간부들 다수가 50대로 이루어져 있으며 노동계 집회는 대체로 머리가 희끗희끗한 50대로 채워지고 있다. 50대 노동자들의 이해관계는 대체로 일치한다. 지금 하는 일 그대로 하다가 무사히 정년 퇴임하는 것이다. 변화와 혁신을 체질적으로 싫어한다. 사용자 표현을 빌리자면 꿈쩍도 하기 싫어하는 사람들이다. 사정이 이러하다 보니 50대가 주축인 노동운동은 기존의 것을 지키는 데 역점을 두기 쉽다. 변화와 혁신을 추구할 가능성이 매우 희박하다. 현실은 액면 그대로이다. 이럴 때 기대할 수 있는 것은 세대교체이다.

일반적으로 나이 든 사람보다는 젊은 층이 더 진보적이라는 게 통설이다. 노조가 기득권 논리에 포섭되어 있더라도 젊은 층 사이에 진보적 감수성이 살아 있다면 미래를 희망적으로 볼 수 있다. 젊은 층으로 세대교체가 이루어지면 양상이 바뀔 수 있는 것이다. 하지만 상황은 정반대이다. 노동조합은 대체로 젊은 층으로 내려갈수록 더 보수적이다. 젊은 조합원들은 치열한 경쟁을 뚫고 입사한 경우이다. 이들에게 대기업과 공공부문 일자리는 처음부터 지켜야 할 기득권의 일부로 다가왔다. 과거 선배 노동자들이 경험했던 비참한 처지와는 사뭇 달랐다. 이들 젊은 조합원들은 선배 노동자들이 외부 투쟁에 나서는 것마저도 못마땅하게 여긴다. 문제는 시대 영향으로 다소나마 진보적 감수성을 간직하고 있던 고참 노동자들이 은퇴하기 시작했다는 데 있다. 노조가 품고 있던 진보적 에너지가 고갈되고 있는 것이다. 이는 한국 노동운동의 미래를 가늠하게 해주는 매우 중요한 지점이다.

**둘째, 중소기업을 포괄하지 못하고 있다.** 중소기업은 고용의 85%를 차지하고 있다. 절대적으로 비중이 크다. 하지만 노조 가입률은 2%밖에 되지 않는다. 그나마 대부분 한국노총 소속이다. 대기업에 비해 처지가 한층 열악함에도 중소기업 노동자의 조직률이 이토록 낮은 이유는 무엇일까? 해당 노동자들의 권리 의식이 낮아서일까?

있는 그대로 이야기하면 중소기업 노동자들은 노조를 기피하는 경향이 있다. 노조 결성이 노사분쟁으로 이어지면서 회사가 망할 수 있다는 두려움 때문이다. 회사가 문을 닫으면 분쟁 사업장 출신이라는 이유로 다른 회사에 취업하는 것도 힘들어진다.

인생이 망가질 수 있는 것이다.

중소기업 노동자들의 두려움은 상당한 근거가 있다. 그간 노동운동의 주축이었던 대기업과 공공부문 노동자들은 경영 문제를 무시하고 자신들의 권리를 배타적으로 옹호할 수 있었다. 그래도 무방한 환경이었다. 이 같은 비타협적 노선이 노동운동의 정체성을 형성했다. 하지만 이러한 노동운동 노선이 중소기업에 그대로 적용되면 치명적 결과를 낳을 수밖에 없다. 실제로 적지 않은 중소기업이 노조 결성 이후 분쟁을 겪으며 문 닫는 운명을 겪었다. 그러한 경험이 중소기업 노동자들 사이에 노조를 기피하는 경향을 낳았다.

중소기업은 경영 환경 개선이 수반되지 않으면 노동 문제 해결이 어렵다. 가장 열악한 환경에 놓여 있는 비정규직 문제 해결은 더욱더 그러하다. 기업 경영과 노동 문제 해결은 한배를 타야 하는 것이다. 안타깝게도 한국의 노동운동은 그에 대한 해답을 제대로 준비하지 못했다.

**셋째, 4차 산업혁명에 대한 대응 전략이 없다.** 4차 산업혁명과 함께 진행되는 광범위한 기술의 노동 대체는 한국만이 아니라 거의 모든 나라에서 노동운동을 위협하고 있는 요인이다. 이 현상은 전통적 의미에서 노동의 영역 자체를 제거함으로써 노동운동 기반을 사라지게 할 수도 있다. 그런데 이에 대한 한국 노동운동의 대응은 즉자적인 수준에서 크게 벗어나지 못하고 있다. 자동화에 맞서 일자리 사수투쟁을 벌이는 것이다. 하지만 이러한 대응은 궁극적으로 성공할 수 없다. 4차 산업혁명 시기에 자동화는 결코 피해 갈 수 없다. 자동화를 게을리하거나 기피하는 업체는 경쟁력을 잃고 도태할 가능성이 크기 때문이다. 이는 곧바로 대량 실직으로 이어진다.

남는 문제는 자동화가 어떤 방향으로 이루어지느냐이다. 자본 중심 경제 아래서 사람 없는 자동화로 갈 것인가 정반대로 앞으로 살펴볼 사람 중심 자동화를 추진할 것인가 선택해야 한다. 이는 종전의 노동운동을 뛰어넘는 전혀 새로운 차원의 사유를 요구한다.

지금까지 드러난 현상을 중심으로 노동운동이 어떤 상태에 놓여 있는지를 개괄적으로 살펴보았다. 1980년대 노동운동에서 새로운 미래를 찾고자 했던 수많은 청춘들이 과연 지금의 현실을 상상이나 했을까? 누구의 책임일까? 누구의 잘못도 아닐 수 있고 거꾸로 모두의 잘못일 수도 있다.

어쩔 수 없이 부정적 현상 일변도로 기술했지만 노동운동 본연의 건강함을 유지하고 있는 곳도 적지 않음을 잊지 않았으면 한다. 일일이 소개할 수 없어 안타깝지만 정당한 평가는 반드시 이루어져야 한다.

분명한 사실은 지금의 상태가 지속되는 조건에서는 노동운동을 중심으로 새로운 미래를 기획하기가 사실상 불가능하다는 점이다. 노동운동에 모든 것을 걸어온 사람들로서는 쉽게 수긍하기 어렵겠지만 부정할 수 없는 진실이다. 이에 아랑곳없이 진보 세계 안에는 여전히 과거 영광스러운 시절에 형성된 노동 중심 관념이 떠돌아다니고 있다. 또 다른 죽은 과거의 망령이다.

노동계는 권력의 한 축으로서 막대한 자산을 확보해왔다. 그 자산은 여전히 사회적 약자로 고통받고 있는 다수 노동자들의 처지를 개선하는 데 매우 유익하게 사용될 수 있다.

시도는 있었다. 진보정당운동의 핵심 동력을 확보하기 위한 '노동자 정치세력화' 추진이었다. 노동계를 정치 자원으로 활용해 전체 노동자의 처지를 개선하자는 취지였다. 하지만 노동자 정치세력화 시도는 수많은 정파 조직 간 '땅따먹기' 경쟁을 격화시키며 극단적인 분열 대립으로 노동현장을 황폐화시켰을 뿐이다. 노동자 정치세력화 시도는 노동계의 정치적 해체로 귀결되었다.

진보 세계에는 북유럽과 독일 등을 대안 모델로 삼는 경우가 많았다. 이들 나라의 공통점은 강력한 노동계의 존재였다. 그 기준으로 보면 한국은 미래를 희망적으로 점치기 어려운 나라이다. 하지만 너무 절망할 필요까지는 없다. 한국은 어디까지나 한국이기 때문이다.

이 모든 것에 관계없이 노동운동이 해결해야 할 과제와 역할은 여전히 많다. 노동운동의 존재 가치는 여전히 상당하다. 어떤 형태로든지 새로운 출구를 찾아 나설 필요가 있다. 회의적 시각이 많은 게 사실이지만 노동계가 스스로 반드시 풀어야 할 숙제라고 할 수 있다.

## 사회주의 환상 속에 깃든 망령

여기서 사회주의를 주제로 다루는 것에 대해 당혹스러워하거나 뜬금없다고 여기는 사람들이 많을 수 있다. 하지만 사회주의는 한 번쯤은 반드시 짚고 넘어가야 할 주제이다. 그럴 만한 이유가 있다.

현재 한국에서 사회주의를 공식적으로 내건 정당이나 단체, 개인은 그리 많지 않다. 존재하더라도 유권자들의 지지는 극히 미미한 수준에 머물러 있다. 이 점만 놓고 보면 사회주의는 무시해도 좋은 주제라 할 수도 있다. 하지만 사람들 머릿속으로 들어가 보면 사정이 복잡해진다.

진보적 색채가 짙은 사람들 중에는 공식적으로 주장하지는 않지만 사회주의를 포기하지 않은 경우가 꽤 많다. 종종 평등사회라고 우회적으로 표현되기도 하지만 그 내용은 사회주의이거나 그에 가깝다. 이들은 현재 한국 사회의 여건상 사회주의를 내거는 것은 적절치 않지만 궁극적으로 가야 할 목표라고 본다. 이런 견해를 지닌 사람들은 현재의 대응을 흔히 '전술적 선택'이라는 용어로 표현하기를 즐긴다.

이른바 '숨은 사회주의자'들은 사회주의 포기는 근본적 변화의 포기, 즉 혁명의 포기라고 본다. 그 연장에서 사회주의를 포기한 사람들에게는 경멸적 의미가 진하게 배어 있는 '개량주의자'라는 딱지를 붙이기도 한다.

하지만 정통 사회주의자 눈에는 숨은 사회주의자의 모습이 상당히 괴이하게 비칠 가능성이 크다. 과거 지금과는 비교할 수 없는 열악한 환경에서도 사회주의자들은 자신의 목표를 알리기 위해 죽음을 두려워하지 않았다. 사회주의혁명이라는 일관된 목표를 전파하면서 민족 독립과 민주주의 등 당면 과제 실현을 위해 투쟁했다. 그러한 투쟁을 통해 자신들에 대한 지지를 확대하면서 사회주의혁명의 조건을 성숙시켰다. 사회구성원이 지난한 과정을 통해 사회주의혁명 목표를 공유하지 못한 조건에서 사회주의혁명은 절대 불가능했다. 정통 사회주의자가 보기에 목표를 숨기는 것은 목표를 포기하는 것과 조금도 다르지 않았다.

이에 아랑곳없이 사회주의를 궁극적 목표로 삼는 관점에서는 다른 사상적 모색을 하지 않을 가능성이 크다. 한 걸음 더 나아가 다른 형태의 모색을 가로막을 가능성도 적지 않다. 우리가 사회주의라고 하는 상당히 골치 아플 수도 있는 주제를 짚고 넘어가야 하는 이유이다.

먼저 사회주의가 무엇인지부터 살펴보자. 사회주의의 핵심은 '생산수단의 사회화'에 있다. 토지, 공장, 금융 등 주요 생산수단에 대한 공공 소유를 실현하는 것이다. 21세기 사회주의, 민주적 사회주의 등 다양한 수사가 동원되고 내용과 형식에 변형이 있을 수 있지만 기본적으로 이 틀에서 벗어날 수 없다. 생산수단의 사회화를 포기한 사회주의는 엄밀한 의미에서 사회주의가 아니다.

실현 가능성 유무를 떠나 생산수단 사회화 범위와 효과를 놓고 논란이 있을 수 있다. 사회주의자라면 당연히 폭넓은 범위에서 생산수단 사회화가 이루어질 수 있고 그로 인해 상당한 긍정적 효과가 생길 것이라고 주장할 것이다. 그런데 근원적인 지점에서 문제가 일어나고 있다.

사회주의 체제가 성립된 것은 대체로 2차 산업혁명 시기이다. 소련식 국가사회주의 체제가 효과를 발휘했던 시기는 소품종 대량생산 체제가 유지되던 2차 산업혁명 전반기에 해당한다. 이는 사회주의가 주로 1, 2차 산업혁명 시기 산업사회에 조응한 체제임을 암시한다.

과연 사회주의는 3차 산업혁명 이후에도 유효한 체제일 수 있을까? 이와 관련해서 3차 산업혁명 이후 생산수단 구성에서 중요한 변화가 일어났음을 주목할 필요가 있다. 앞서 살펴본 대로 3차 산업혁명과 함께 기업 가치 구성에서 자본의 비중은 갈수록 저하되어왔다. 반면 새로운 가치 창출의 원천이자 새로운 생산수단인 지식의 비중이 빠르게 커진다.

뒤에서 살펴보겠지만 생산수단으로서 지식은 '창조력'으로 확대 재구성된다. 창조력은 개인에게 체화된다. 개인의 특성과 분리 불가능하다. 창조력은 개인 소유에서 벗어난 집단 소유 즉 생산수단의 사회화가 원천적으로 불가능하다. 새로운 변화 방향은 개인 소유에서 집단 소유가 아닌 창조력의 개인 체화를 전제로 한 '소수 소유에서 다수 소유'가 될 가능성이 크다.

물론 이러한 논의에는 더 많은 연구와 검증이 필요하다. 아직은 섣불리 결론을 내리기 어렵다. 그럼에도 사회주의의 핵심 가치인 생산수단 사회화는 논란의 여지가 많은 지점임은 분명하다. 더 중요한 사실은 사회주의혁명이 현재 우리가 살고 있는 이곳에서 실현 가능한가이다.

결론부터 이야기하자면 이렇다. 사회주의자들에게는 대단히 불행한 일일지 모르지만 한국에서의 성공적인 민주화 정착이 사회주의혁명 가능성을 봉쇄해버렸다. 도대체 무슨 이야기인가? 이 문제를 이해하자면 사회주의혁명 성공의 핵심 조건이 무엇인지를 파악해야 한다.

마르크스주의는 사회주의혁명이 오직 프롤레타리아독재를 통해서만 실현될 수 있다고 보았다. 좀 더 구체적으로 기존 국가권력을 철저히 분쇄한 조건에서 아래로부터 프롤레타리아 국가를 새로이 건설하고 모든 권력을 집중시킬 때 성공을 보장받을 수 있다고 보았다. 마르크스주의는 사적 이익 추구에 길들여진 기존 국가 기구로는 절대 사회주의혁명을 성공시킬 수 없다고 판단했다. 생산수단 사회화를 시도할 경우 기존 국가 기구가 강력한 저항 세력으로 돌변할 수 있기 때문이었다. 사회주의혁명은 저항 세력이 완전히 일소된 조건에서만 성공할 수 있다고 본 것이다. 사회주의혁명은 백지 위에 새로운 그림을 그리는 것과 같은 도전이었다. 지나온 역사는 이러한 마르크스주의의 주장이 전적으로 타당함을 입증했다.

사회주의혁명에 성공한 나라 가운데 기존 국가 기구를 인수해 혁명의 무기로 사용한 경우는 단 하나도 없다. 모두 기존 국가 기구를 철저히 분쇄 해체시킨 조건에서 아래로부터 새로운 권력 질서를 창출한 뒤 사회주의혁명에 성공했다. 이러한 경로가 가능했던 것은 기존 국가 기구가 붕괴를 면하기 어려울 만큼 몹시 취약했기 때문이기도 하다.

최초의 사회주의혁명인 러시아혁명은 1차 세계대전 와중에서 차르 황제 권력이 맥없이 무너지고 취약하기 그지없는 케렌스키 임시정부가 들어선 시대 상황에서 성공할 수 있었다. 혁명의 주역인 볼셰비키는 무장봉기를 단행, 케렌스키 임시정부를 타도하고 아래로부터 새로이 창출된 소비에트로 권력을 이동시켰다. 이어서 벌어진 내전을 통해 볼셰비키는 남은 저항 세력을 모두 제압함으로써 권력을 자신의 수중으로 완전 집중시킬 수 있었다.

중국 공산당은 1937년 이후 항일전 시기에 광활한 농촌 지역을 근거지로 게릴라전을 폄으로써 주도적인 위치를 확보할 수 있었다. 반면 국민당 정부는 근거지인 해안 도시가 일본군에 점령당함으로써 세력이 극도로 약해졌다. 극심한 부패와 항일전에서의 미온적 태도로 민중의 지지마저 잃었다. 항일전이 승리로 끝난 뒤 공산당은 내전을 통해 국민당을 타이완으로 밀어내고 권력을 완벽하게 장악할 수 있었다. 대륙에는 공산당에 맞설 수 있는 세력이 더는 존재하지 않았다. 사회주의혁명은 그런 조건에서 성공할 수 있었다.

북한을 보자. 1945년 8월 일본이 패망함과 함께 식민 지배기구가 일거에 무너졌다. 북한 혁명의 주역들은 모든 권력을 아래로부터 새로이 창출된 인민위원회로 집중시켰다. 혁명의 적으로 간주된 세력은 대부분 38선 이남으로 피신한 상태였다. 사회주의혁명이 성공할 조건이 갖추어진 것이다.

자세한 설명은 생략하겠지만 그 밖에 사회주의혁명이 성공한 나라들 역시 크게 다르지 않은 경로를 거쳤다. 모두가 저항 세력이 완전 일소 혹은 제압된 조건에서 사회주의혁명을 진행했다. 기존 국가 기구를 철저히 분쇄한 조건에서만 사회주의혁명이 성공했다는 사실은 거꾸로 민주주의가 어느 정도 정착된 나라에서 사회주의혁명이 왜 단 한 건도 일어나지 않았는지를 설명해준다.

민주적 선거제도는 누구나 기존 국가 기구를 접수할 수 있는 길을 열어주었다. 하지만 사적 이익 추구와 일체화되어 있는 기존 국가 기구로 사회주의혁명을 수행하는 것은 불가능했다. 그렇다고 해서 민주적 선거 절차를 생략하고 민중봉기 등의 방법으로 기존 국가 기구를 분쇄하는 것 역시 불가능했다. 민주주의가 정착되면서 국가 기구가 공공기관의 성격을 갖게 되면서 이를 물리적으로 분쇄하는 행위는 사회적 지지를 얻기 어려워졌기 때문이다. 실제로 1차 세계대전 이후 독일 등 일부 민주주의 국가에서 사회주의자들이 주도하는 민중봉기 시도가 있었으나 응분의 사회적 지지를 얻지 못해 실패로 끝나고 말았다.

2차 세계대전 이후 합법적 경로를 통한 사회주의혁명을 꿈꾸고 있던 유럽 사회민주주의 정당들은 민주적 선거를 통해 대거 집권에 성공했다. 사회민주주의자들은 곧바로 기존 국가 기구를 무기로 한 사회주의혁명은 절대 불가능하다는 사실을 깨달았다. 그들이 자본주의 틀 안에서의 개혁을 바탕으로 복지국가 건설에 전념한 것은 그로부터 생겨난 필연적 결과였다. 이러한 사실은 민주주의야말로 사회주의혁명 파고로부터 자본주의를 지켜준 최고의 방파제였음을 말해준다.

혹자는 베네수엘라 사례를 들면서 이의를 제기할 수 있다. 하지만 베네수엘라 사례야말로 마르크스주의 원칙의 유효성을 거듭 확인해주고 있을 뿐이다. 차베스와 그 지지자들은 민주주의 제도를 바탕으로 한 새로운 유형의 21세기 사회주의혁명을 시도했다. 민주적 선거를 통해 기존 국가 기구를 접수하는 데 성공했고 이를 무기로 사회주의혁명을 시도했다. 저항 세력을 일소하기보다 공존을 꾀했다. 결과는 극심한 사회적 분열과 혼란, 경제의 황폐화로 나타났다. 아직 진행형이기는 하지만 성공을 장담하기 쉽지 않은 상황이다. 베네수엘라 사례는 사회주의혁명은 낭만주의적 접근을 단 한 치도 허락하지 않음을 보여주었다.

그러면 마지막으로 한국의 상황을 살펴보자. 한국은 1987년 민주화투쟁 승리 이후 적어도 절차적 측면에서는 민주화 정착에 큰 이상 없이 성공했다. 이를 '87체제의 정착'이라고 달리 표현하기도 한다. 87체제의 정착은 사회주의혁명과 관련해 서구 민주국가에서와 같은 효과를 발생시켰다. 87체제는 민주적 선거를 통한 국가 기구 접수를 모두에게 허용했다. 그 덕분에 좌파 색채가 짙은 진보정당도 원내에 진출할 수 있는 길이 열렸다. 하지만 우익 군사쿠데타나 좌익 민중봉기와 같은 비합법적 권력 획득 방법은 모두 불허한다는 암묵적 합의가 바탕에 깔려 있었다.

암묵적 합의는 국가 기구의 성격 변화를 통해 확고부동한 것으로 자리 잡았다. 민주화 정착과 함께 국가 기구 성격 또한 과거와 같은 압제 도구에서 공공기관의 성격이 크게 강화되었다. 간단한 예를 들어보자. 군사정권 치하에서는 경찰지구대(파출소)에 돌을 던지는 일을 민주적 저항 행위로 보는 경향이 강했다. 하지만 요즘 이런 일은 공공기관을 파괴하는 반사회적 행위로 지탄받는다.

결론은 명확하다. 한국에서 사회주의자들이 합법적으로 국가 기구를 접수할 수 있을지는 몰라도 이를 무기로 자신들이 원하는

혁명을 수행할 수는 없다. 그렇다고 민중봉기 등 다른 경로를 통한 기존 국가 기구의 분쇄 역시 원천적으로 봉쇄되어 있다. 어떤 경로를 취하든 사회 전반에 자리 잡고 있는 저항 세력을 완전하게 제압하고 일소하는 것은 절대 불가능하다.

역사보다 더 엄정하고 위대한 심판관은 없다. 사회주의는 검증되지 않은 미래 속 이상 사회가 아니다. 이미 철저하게 검증된 역사 속의 실체이다. 소련의 붕괴와 함께 국가사회주의는 지속가능성이 없는 체제임이 명확해졌다. 개혁개방 이후 중국은 시장사회주의를 바탕으로 번영을 구가했지만 중국 사회를 인류의 미래로 보는 시각은 여간해서 찾아보기 힘들다. 국가사회주의와 시장사회주의가 아닌 또 다른 사회주의를 꿈꿀 수 있으나 실체 없는 관념일 뿐이다. 사회주의도 자본주의와 함께 넘어서야 할 그 어떤 지점이 되어 있다.

적지 않은 사람들이 사회주의혁명이 성공하려면 얼마나 냉혹한 조건을 갖추어야 하는지에 대한 기본적 이해도 없이, 사회주의의 역사적 검증 결과에 대한 철저한 성찰도 거치지 않은 채 관련된 주장을 해왔다. 일부 관념적 좌파 지식인들은 기존 사회주의 나라들을 '현실사회주의'라는 틀 안에 몰아넣은 뒤 자신이 추구하는 '이상사회주의'와 격리시키려고 애썼다. 참으로 안타깝지만 이들이야말로 역사의 엄중함을 깨닫지 못한 채 자기 관념의 포로 신세가 된 가련한 인간들일 뿐이다. 이 모든 점을 고려할 때

사회주의혁명에 대한 가장 솔직한 답변은 이렇게 표현될 것이다. "감히 꿈도 꾸지 마라!"

사회주의혁명이 실현 가능한 목표인지 여부에 대해서는 명확한 인식이 필요하다. 그렇다고 사회주의혁명을 통해 이루고자 했던 평등사회라는 꿈마저 포기하라는 이야기는 아니다. 다만 그 꿈은 사회주의혁명이 아닌 전혀 다른 환경에서 전혀 다른 형태로 실현될 수밖에 없음을 이해할 필요가 있다. 과연 어떤 환경에서 가능할까? 앞으로 함께 풀고자 하는 숙제이다.

사족 하나. 북한, 중국, 베트남 등 여전히 사회주의를 표방하고 있는 나라들은 어떻게 대해야 하는가? 이는 다분히 외교 영역에 속하는 전혀 다른 차원의 문제이다. 이들 나라가 사회주의를 고수하고 있는 것은 상이한 역사적 환경에서 전략적 선택을 한 결과이다. 이는 전적으로 존중되어야 한다.

## 복지국가 유산 속에 깃든 망령

사회주의를 주제로 끌어들일 때와는 전혀 다른 각도에서 복지국가를 주제로 다루는 것에 당혹감을 느낄 사람들이 꽤 있을 듯하다. 현재 글은 엄연히 과거의 망령을 다루는 순서인데 복지국가를 그 하나로 올려놓다니! 복지국가 하면 좋은 것 아닌가? 도대체 뭐가 문제란 말인가? 결론부터 이야기하면 복지국가 담론이 미치는 해악이 만만치가 않다.

먼저 짚고 넘어가야 할 엄격한 전제가 있다. 언어 그중에서도 사회과학적 탐구 대상이 되는 언어는 역사적 배경을 갖고 있다. 일련의 역사를 거쳐 개념이 정립되기 마련이다.

복지국가라는 용어를 복지가 많은 나라 정도로 임의적이고 주관적으로 이해하는 경우가 없지 않다. 그렇다면 왜 복지의 양만 놓고 봤을 때 서구 복지국가를 능가했던 과거 소련이나 북한, 쿠바 등을 복지국가로 부르지 않는지 반문할 필요가 있다. 이들 나라는 국가사회주의 체제 아래서 의료와 교육, 의식주 등 기초적 삶의 분야에서 무상에 가까운 복지를 제공했었다.

복지국가는 단순히 복지가 많은 나라를 의미하지 않는다. 복지국가는 고유한 인식 체계, 문제 해결 방법론, 실행 전략 등을 포괄하는 하나의 '체제 개념'이다. 개념을 구성하고 있는 요소들 모두 긴 역사를 통해 정립된 것이기에 쉽게 변하거나 흔들리지 않는다.

복지국가는 기본적으로 자본주의 체제 위에서 작동한 모델이다. 자본주의를 떠난 복지국가는 존재하지 않는다. 이는 복지국가가 자본주의를 인정한 기초 위에서 성립되었음을 의미한다. 보편 기제로서 시장경제는 물론이고 자본주의 고유 범주인 자본 중심 경제의 본령도 건들지 않았다.

그러한 조건에서 국가의 시장 개입을 바탕으로 모순 완화를 시도한 것이 복지국가였다. 복지 확대가 그 핵심 수단이었기에 복지국가로 불렸다. 이를 뒷받침한 대표적인 실행 전략은 노사 간 사회적 대타협이었다. 노동자 계급은 생산성 향상을 위해 노력하고 자본가 계급은 복지비용 조달을 위한 증세에 적극 협력하기로 한 것이다. 강력한 산별노조의 존재, 현실사회주의 진영의 위협 등이 사회적 대타협을 강제하는 요소로 작용했다.

복지국가 모델은 주로 유럽을 중심으로 정착되었다. 앞서 잠시 언급했지만 사회민주주의자들이 복지국가 건설에 주도적으로 나섰다. 그들은 민주주의 제도가 뿌리내린 조건에서 사회주의혁명은 불가능하며 자본주의 안에서의 개혁이 자신들에게 허용된 유일한 길임을 간파했다.

복지국가는 20세기 전체를 통틀어 가장 성공적인 모델로 평가받았다. 가장 높은 삶의 질을 보장하면서 가장 오랫동안 지지를 받는 모델이 되었다. 브라질의 룰라 등이 제국주의의 수탈에 기생하는 모델이라며 비아냥거리기도 했지만 복지국가가 인류의 이상향으로 자리 잡기에 충분했다.

복지국가의 성공은 내장된 인식 체계를 확고부동한 것으로 만들었다. 지지자들에게 자본주의 틀 안에서의 개혁은 자본주의 특유의 활력을 유지하면서도 문제를 완화할 수 있는 최선의 길이었다. 출발 지점에서는 어쩔 수 없이 선택한 차선이었는지 몰라도 결과는 최선이 된 것이다. 그로부터 자본주의의 부정은 어리석기 짝이 없는 비현실적 시도로 간주되었다. 하지만 복지국가가 마냥

순탄한 길을 걸어온 것은 아니었다. 도리어 복지국가의 근간을 흔드는 현상이 계속해서 생겨났다.

1950~1960년대 자본주의 황금기 시절 전성기를 누리던 유럽 복지국가들은 1970년대 장기 불황을 맞이하면서 일제히 곤경에 빠져들었다. 장기 불황은 실업자 급증으로 이어졌다. 그에 따라 실업 급여가 크게 늘어나면서 이를 충당하기 위한 증세 압력이 강화되었고 이는 다시 기업 경영을 악화하면서 실업자를 더욱 확대하는 악순환의 고리가 형성되었다.

1991년 소련의 붕괴는 사회주의 진영의 위협을 해소해주었다. 자본가 계급은 사회적 대타협에 대한 긴장의 끈을 풀었다. 연이어 진행된 세계화는 이를 더욱 가속화했다. 기업들이 증세 압력에 대해 해외 이전 카드로 응수하면서 사회적 대타협의 근간이 흔들리기 시작했다.

초고령사회의 도래 또한 복지국가에 심각한 위협으로 다가왔다. 평균수명이 급격히 늘어남에 따라 기존 연금 체계로는 노후 복지를 감당하기 쉽지 않은 상황이 만들어졌다.

일련의 위협에도 불구하고 유럽 국가들은 오랫동안 축적한 유산과 높은 사회적 지지도 덕분에 복지국가라는 틀을 그런대로 유지해왔다. 하지만 이제 막 시작하려는 후발 주자들의 사정은 완전히 다르다. 적어도 과거 유럽 국가들과 같은 사회적 대타협에 기초한 복지국가 시스템 구축은 상당히 어려울 수밖에 없다.

상황이 녹록지 않음은 세계화 이후 한국 기업의 해외 진출 양상만 봐도 금세 알 수 있다. 2007년 이후 10년간 도착액 기준 외국인 직접 투자에 비해 한국 기업 대외 투자가 3배 정도 많았다. 2010~2016년 사이 7대 대기업의 국내 고용은 연평균 1.4%는데 반해 해외 고용은 연평균 9.3% 늘었다. 중국 산둥성 칭다오 한 곳에만 한국에서 건너간 기업이 1만 개가 넘을 정도가 되었다. 2012~2016년 사이 해외로 빠져나간 일자리 수는 136만 개 정도로 추정된다.

지나온 역사는 복지국가 운명이 자본주의 동향과 긴밀히 연동되어 있음을 알려준다. 자본주의가 황금기를 누리면 복지국가는 꽃을 활짝 피웠다. 반대로 자본주의가 장기 불황 늪에 빠지면 복지국가에는 곧바로 빨간불이 켜졌다. 그러다 보니 복지국가를 주도했던 사회민주주의자들은 자본주의를 원활하게 작동시키기 위해 늘 촉각을 곤두세웠다. 예컨대 스웨덴을 대표적인 복지국가로 만들었던 사회민주당은 자본주의의 원활한 작동을 위해 지속적인 산업구조 고도화, 노사 협력을 바탕으로 한 산업평화 정착, 적극적 시장 개방을 통한 기업경쟁력 강화 등 다분히 우파 색채가 짙은 정책을 구사해 상당한 성공을 거두기도 했다.

복지국가가 성공한 비결은 국가가 시장에 개입해 자본주의가 원활하게 작동하도록 하는 데 있었다. 그런데 바로 이 점에서 상황이 크게 달라졌다. 앞으로도 거듭 확인하겠지만 자본 중심 경제는 국가가 소생시키기에 너무 늙고 병들었다. 자본주의가 극도로 쇠락해져 있음을 뜻한다. 국가의 역할 강화를 바탕으로 자본주의가 다시금 번영을 누릴 것이라는 기대는 그 어느 곳에서도 발견되고 있지 않다. 복지국가 비결이 이제 더는 먹히지 않게 된 것이다. 이는 곧 복지국가 역시도 더는 자신을 유지하기 힘든 상황에 직면했음을 말해준다.

그럼에도 불구하고 복지국가는 과거 화려했던 성공의 추억에 의존해 여전히 수많은 사람 사이에서 대안 모델로 받아들여지고 있다. 하지만 이러한 흐름은 곳곳에서 심각한 폐해를 낳고 있다.

다시 한번 이야기하지만 복지 국가는 오랜 역사를 통해 형성된 고유한 인식 체계를 내장하고 있다. 복지국가를 대안으로 받아들이는 순간 그 인식 체계는 당사자의 의지와 무관하게 자동으로 작동한다. 복지국가 인식 체계는 자본주의를 인정하고 그 안에서 개혁을 추진하도록 훈련시켜왔다. 그러한 과정이 오래 지속되면서 복지국가 인식 체계는 사고 습관으로 완전히 굳어졌다. 자본주의를 넘어서는 상상이나 시도가 들어설 사고의 여지는 완전히 사라졌다.

복지국가 인식 체계는 자본주의 고유 범주인 자본 중심 경제가 빚어낸 현상을 어쩔 수 없는 것으로 인정하게 만든다. 앞서 말했듯이 4차 산업혁명이 자본 중심 경제 바탕 위에서 작동하며 빚어진 일자리 감소와 저임금 구조 고착을 불가피한 현상으로 받아들이도록 한다. 그러면서 사고 습관 그대로 어떻게 하면 세금을 더 걷어 복지를 늘릴까만을 고민하게 만든다.

하지만 그런 식의 접근으로는 문제를 해결할 수 없다. 거듭 이야기하지만 4차 산업혁명이 자본 중심 경제 바탕 위에서 작동함에 따라 지속적으로 일자리가 감소하고 저임금 구조가 고착되면 소비 시장이 극도로 위축되면서 경제 전반이 심각하게 침체한다. 그렇게 되면 조세 수입 원천도 대폭 줄어든다. 세금을 더 걷어 복지를 늘리고자 하는 시도는 난관에 봉착할 수밖에 없다. 이는 지난날 경기 침체 시기에 지겹도록 반복 확인된 지점이다.

복지국가 인식 체계는 자본주의 안에서의 개혁이라는 사고 틀에 스스로를 가둠으로써 사태의 본질을 꿰뚫는 비판적 이성을 발휘하지 못하도록 만들고 있다. 그 필연적 결과로 주어진 현상을 불가항력적인 것으로 받아들이는 순응적 태도를 체질화시키고 있다. 나아가 습관적 접근에 이끌려 현실성 없는 해결책임에도 환상을 쫓도록 내몰고 있다. 완전히 새로운 시선으로 세상을 보면서 새롭게 미래를 상상하고 기획해야 하는 대전환기에, 이 모든 것은 매우 심각한 장애물이다. 복지국가 인식 체계는 한 시기에 인류를 멋진 세계로 인도하는 역할을 톡톡히 했다. 하지만 지금은 심각한 해악을 끼치는 인식 체계가 되었다.

안타깝지만 복지국가마저도 우리를 현혹하는 또 다른 과거의 망령이 되었다. 냉철한 이성은 복지국가라는 용어가 사용되는 순간 그릇된 인식 체계가 작동하기 쉽다는 점을 끊임없이 깨우쳐주고 있다. 복지국가라는 용어를 섣불리 입에 올려서는 곤란한 시대이다. 사회주의혁명에서와 마찬가지로 복지국가를 통해 이루고자 했던 꿈 자체는 여전히 소중히 간직해야 할 그 무엇일 수 있다. 개별 복지 정책의 경우 모두는 아니라 하더라도 상당 정도 유효할 수 있다. 문제는 복지국가 틀 안에서는 이제 그 꿈을 실현하기 곤란하다는 데 있다. 개별 복지 정책마저도 복지국가 틀 안에 갇히면 실종될 가능성이 크다. 모두 경제 회복이 전제될 때 실현이 가능한데, 자본 중심 경제에 결박된 복지국가 틀 안에서는 기대하기 어렵기 때문이다. 복지 확충을 통해 이루고자 했던 꿈은 복지국가가 아닌 전혀 새로운 환경에서 새로운 방식으로 실현될 수 있다. 앞으로 함께 풀어나갈 숙제이다. 시대는 복지를 복지국가로부터 해방시킬 것을 요구한다.

## 절실한 진보의 포맷

전작『두 번째 프레임 전쟁이 온다』에서 근대 이후 사회를 유지해온 네 가지 기본 모델을 다룬 바 있다. 네 가지 기본 모델은 시장방임주의에서 신자유주의를 아우르는 시장자본주의, 복지국가로 표현되기도 했던 국가자본주의, 소련식 국가사회주의 그리고 중국으로 대표되는 시장사회주의였다. 세계 각국의 제도는 이 네

가지 모델의 변형이거나 혼합이었다.

소련식 국가사회주의는 지속가능성이 없는 시스템임이 확인되었고, 시장사회주의는 그 어느 곳에서도 인류의 미래로 받아들여지고 있지 않다. 사회주의 또한 유형에 관계없이 넘어서야 할 지점이 되었다. 신자유주의의 몰락을 알렸던 2008년 글로벌 금융위기를 계기로 시장자본주의는 대안적이지도 않을 뿐 아니라 지속가능성도 없음이 명확해졌다. 마지막 남은 모델은 복지국가로서 국가자본주의였는데, 이마저 자신을 유지하기 어려운 상황이 되었다.

네 가지 기본 모델은 컴퓨터 소프트웨어에 비유하자면 수많은 프로그램을 작동시키는 운영체제(OS)에 해당한다. 각국의 정책 프로그램은 이러한 운영체제를 기반으로 개발되고 작동했다. 그동안 한국 진보정당들은 대체로 국가자본주의 운영체제를 기반으로 정책 프로그램을 개발해왔다. 그런데 이들 운영체제 모두가 원활한 작동을 기대하기 힘들 만큼 구닥다리로 전락했거나 낡아가는 중이다. 새로운 운영체제로 교체해야만 할 때인 것이다. 기성의 것을 고수하려는 보수는 어쩔 수 없다 하더라도 진보는 이 지점에서 과감해야 한다. '진보의 포맷'이 절실한 상황이다.

06

‘사람 중심 경제’의 운영 원리

그동안 좌파 인사들은 주로 국가 대 시장 프레임 안에서 사고를 펼쳐왔으며 국가의 역할 강화를 해답으로 보았다. 공공성 강화, 사회안전망 구축, 복지 사각지대 해소 등은 그 연장선에서 나온 처방이었다. 이 모든 것들은 절실한 해결을 요구받고 있는 과제들임에 틀림없다. 관련 정책들도 상당 정도 개발되어 있다. 다만 필요한 재원이 충분히 뒷받침되고 있지 못할 뿐이다. 또 다른 차원에서 '혼합경제' 등 국가의 역할 강화를 전제로 한 각종 대안들이 제출되고 있다. 모두 국가 대 시장이라는 기존 프레임 안에서 패러다임 전환을 모색하고 있는 경우라 할 수 있다.

하지만 국가의 역할 강화만으로 수명이 다해가고 있는 자본 중심 경제를 되살릴 수 있을까? 국가가 노쇠한 자본 중심 경제에 다시금 젊음의 생기를 불어넣어 소생시킬 수 있을까? 요컨대 국가 대 시장이라는 프레임 안에서의 패러다임 전환만으로 충분한 문제 해결을 기대할 수 있을까?

코로나전쟁을 겪으며 국가의 역할은 비상하게 강화되었다. 자칫 붕괴할지도 모르는 자본 중심 경제는 국가에 구제를 요청하며 매달렸다. 큰 정부인가 작은 정부인가를 둘러싼 시시콜콜한 논쟁은 흔적도 없이 사라졌다. 하지만 국가의 역할은 연명 치료를 크게 넘어서고 있지 못하다.

자본 중심 경제의 본고장인 서구 사회에 초점을 맞출 때 1929년 대공황 이후처럼 국가 중심의 새로운 경제 시스템을 바탕으로 번영의 시대가 열릴 것이라는 낙관적 전망은 어디서도 발견되고 있지 않다. 대공황 이후 자본 중심 경제는 국가가 나서서 치유하기에 크게 어렵지 않을 만큼 팔팔하게 젊은 시절이었다. 하지만 지금의 자본 중심 경제는 국가가 소생시키기에 너무 늙고 병들었다. 언제 산소호흡기 달고 거친 숨을 내쉬는 신세가 될지 모른다.

## 자본에서 사람 중심으로

시대는 근본적 변화를 요구하고 있다. 시대는 수명이 다된 자본 중심 경제의 연명 치료가 아니라 교체를 요구한다. 그렇다면 무엇으로 교체할 것인가? 이는 새로운 프레임전쟁을 요구하는 문제이다. 국가 대 시장 프레임 안에서의 패러다임 전환이 아닌 프레임 자체를 바꾸어야 하는 것이다.

역사의 국면이 바뀌는 과정에는 언제나 무엇 대 무엇의 대결인지를 밝히는 프레임전쟁이 작동했다. 자본주의 발전을 재촉했던 근대 시민혁명은 억압적 공동체 대 자유로운 개인이라는 프레임전쟁을 통해서, 사회주의혁명은 사적 소유 대 사회적 소유라는 프레임을 전쟁을 통해서, 복지국가는 자유 시장방임 대 국가의 개입통제라는 프레임전쟁을 통해, 중국의 개혁개방은 국가사회주의 대 시장사회주의라는 프레임전쟁을 바탕으로 추진되었다.

다시 정리하자면 소련 사회주의 체제 붕괴와 중국의 개혁개방 성공을 포함한 지나온 역사적 경험과 일련의 시대 추이는 시장경제와 자본 중심 경제가 서로 차원이 다른 범주임을 확인해주었다. 시장경제는 앞으로도 변함없이 작동할 보편 기제이지만 자본 중심 경제는 역사적 수명이 다해가고 있다. 불가피하게 자본 중심 경제 대 무엇이라는 프레임전쟁이 새롭게 펼쳐져야 하는 상황이다. 과연 무엇이 새로운 프레임전쟁의 한편을 채울 것인가?

엄연히 다른 범주임에도 자본 중심 경제를 시장 일부로 간주한 뒤 국가 대 시장 프레임을 적용함으로써 '국가 중심 경제'를 해답으로 제시할 수 있다. 중심축을 자본에서 국가로 이동시키는 급진적 변화를 추구할 수 있는 것이다. 하지만 이는 역사적 검증을 거쳐 오래전에 끝난 이야기이다. 최대한 범위를 넓히면 소련 경제와 박정희 시대 한국 경제 등이 여기에 해당할 수 있다. 공통적으로 시간이 지나면서 지속가능성 없는 비효율적 시스템임이 판명 났다. 이후 국가 중심 경제를 끝까지 고수하거나 회귀하려는 움직임은 거의 없었다.

해답은 사람 중심 경제이다. 사람 중심 경제는 자본 중심 경제를 대체하지만 변함없이 (상품 생산에 기초한 개인의 이익 추구, 시장경쟁, 자유로운 기업 활동이 유기적으로 결합된 보편 기제로서) 시장경제를 기반으로 움직인다. 그런 점에서 사람 중심 경제는 '사람 중심 시장경제'라고 표현할 수도 있다. 사람 중심 경제는 많은 사람들이 오해하고 있듯이 당위나 윤리적 판단에서 도출된 것이 아니다. 사람 중심 경제는 4차 산업혁명의 합법칙적 발전을 기초로 성립된 과학적 결론이다.

3차 산업혁명과 그 연장으로서 4차 산업혁명의 핵심은 ICT를 기반기술로 삼아 '경제의 지능화'가 이루어지면서 가치 창출의 주요 원천이 '노동력'에서 '창조력'으로 바뀐 데 있다. 4차 산업혁명은 기계에 의한 노동 대체에 속도를 더함과 동시에 창조력에 기반을 둔 가치 창출에 적합한 환경을 만든다. 가치가 발생하는 주된 원천의 변화를 기술적으로 강제하는 것이다. 가치 창출의 주요 원천이 노동력에서 창조력으로 바뀌는 것은 되돌릴 수 없는 합법칙적 과정이다.

새로운 가치 창출의 주요 원천인 창조력은 '지식과 감성, 상상력'으로 구성된다. 피터 드러커가 포착한 지식은 가장 먼저 주목받은 창조력 구성 요소였다. 하지만 오늘날 지식만을 강조하는 태도는 편향으로 간주되기 쉽다. 똑같은 제품과 서비스도 감성을 어떻게 버무리는가에 따라 가치가 완전히 달라지기 때문이다. 가장 중시되고 있는 요소는 상상력이다.

상상력은 4차 산업혁명 시대에 가장 강력한 생산력이자 최고의 권력으로 여겨지고 있다. IT 역사를 새롭게 썼다고 평가받는 애플의 아이폰은 이를 입증하는 대표적인 사례이다. 아이폰에는 특별한 신기술이 들어 있지 않다. 다만 상상력을 바탕으로 새로운 개념의 제품으로 변신했을 뿐이다. 상상력은 제품과 서비스의 운명을 좌우하는 결정적 요소이다.

$$창조력 = (지식 + 감성) \times 상상력$$

인간에 내재된 가치 창출의 두 원천인 노동력과 창조력 사이에는 본질적 차이가 존재한다. 먼저 노동력은 기계나 타자에 의해 지속적으로 '대체'되어왔으나 창조력은 원칙적으로 기계나 타자에 의해 '대체 불가능'한 오직 사람에게만 존재하는 고유한 요소이다. 사람이 자본의 현신인 기계의 부품에서 벗어나 경제 활동 중심에 서는 사람 중심 경제 성립의 근원적 지점이다.

매우 중요한 차이가 또 하나 있다. 노동력은 생산수단이 아니지만 창조력은 생산수단이다. 노동력을 담보로 여타의 생산요소를 확보해 생산을 조직할 수 없다. 노동력은 오직 자본과의 결합을 통해 생산요소로 기능할 수 있다. 노동자는 노동력을 판매해야만 생존을 보장받을 수 있는 존재였다.

창조력은 본질적으로 다르다. 앞서 지식이 새로운 생산수단으로 떠올랐음을 확인한 바 있다. 지식을 포괄하는 창조력은 3차 산업혁명 이후를 대표하는 생산수단이다. 창조력을 갖고 있으면 자본을 유치하고 지배할 수도 있다. 창조력은 자본보다 우월한 생산수단이다. 이 사실은 벤처기업 투자 유치 때 무일푼 창업자가 우월한 지분을 확보한다는 사실을 통해 확인된다. 이는 자본의 지배를 넘어 사람 중심의 경제가 열릴 수 있는 또 다른 근원이다.

가치 창출 주요 원천의 변화는 3차 산업혁명 이후 모든 변화의 출발점이며, 노동력과 창조력의 차이는 변화의 방향을 규정짓는 근원이다. 우리는 이 점을 잘 기억해둘 필요가 있다.

벤처기업은 이 같은 변화의 싹을 품고 있는 대표적인 존재이다. 벤처기업은 창조력을 가치 창출의 원천으로 삼는 기업이다. 벤처기업이 창조력을 가치 창출의 주요 원천으로 삼는 3차 산업혁명 이후를 선도하는 이유이다. 창조력을 발산하는 창조 작업은 미지의 영역에 뛰어들어 새로운 것을 일구는 과정이다. 기본적으로 모험을 요구한다. 벤처기업이라는 명칭이 붙은 이유이다. 벤처기업은 최신 생산수단으로서 창조력을 지닌 자가 세상을 지배할 수 있음을 내비친다. 더불어 작업자의 존재 방식도 변화 가능성을 보인다.

중요한 사실은 벤처기업 안의 싹이 제대로 자라나려면 그에 적합한 환경이 갖추어져야 한다는 점이다. 앞서 확인했지만 자본 중심 경제는 이 점에서 더는 정답이 될 수 없다.

기존 자본 중심 경제와 사람 중심 경제의 차이는 현실 세계에서 어떤 모습으로 나타날까? 두 범주의 경제는 모든 점에서 달라지지만 일차적으로 자동화를 두고 확연히 갈라진다. 자본 중심 경제는 사람의 역할을 기계로 대체하는 '사람 없는 자동화'를, 사람 중심 경제는 자신의 속성에 맞게 사람의 창조적 역할을 높이는 수단으로 자동화를 활용하는 '사람 중심 자동화'를 추구한다.

생산성 경쟁에서 어느 쪽이 더 우월할까? 두 나라의 서로 다른 경험이 이를 가늠하게 해준다. 한국은 사람 없는 자동화를 추진했으나 자동화 함정에 빠지면서 생산성 저하로 고전하고 있다. 반면 독일은 산업4.0 정책 아래 사람 중심의 자동화를 추진했다. 단순 작업은 과감하게 로봇에게 맡기고 사람은 자동화의 업그레이드, 고객 맞춤형 설계와 에이에스 등 부가가치가 높은 창조적인 역할에 치중했다. 덕분에 독일 기업은 생산성과 고용률이 모두 지속적으로 상승했다. 2007년 63% 수준이었던 독일의 고용률은 10년 뒤 10% 정도 상승했다.

새로운 프레임전쟁을 통해 태동하는 사람 중심 경제는 새로운 원리와 방식으로 작동하는 이전에 없던 경제이다. 사람 중심 경제를 움직이는 운영 원리는 세 가지로 정식화된다. 좋은 일자리 중심 경제 운영, 사회적 투자의 제도화, 국가와 사회의 수평적 협력이 그것이다.

## 좋은 일자리 중심 경제 운영

사람들이 이전과는 전혀 다른 시각으로 해석하기 시작하면서 세상은 크게 바뀌어간다. 사회의 근본적 변화 출발점은 인식 전환인 것이다. 사람 중심 경제로의 전환을 가능하게 하는 인식 전환의 출발점은 '사람을 비용이 아닌 자산으로 간주하는 것'이다. 경험 있는 기업 경영자라면 이러한 인식 전환이 모든 것을 바꾸어 놓는 결정적 지점임을 잘 안다.

그동안 자본 중심 경제에서 사람은 비용으로 간주되었다. 비용은 가급적 줄여야 할 대상이다. 반면 사람 중심 경제에서 사람은 자산으로 간주된다. 자산은 키워야 할 대상이다. 사람이 자산으로 간주되는 근거는 단순 명확하다. 창조력이 가치 창출의 주요 원천인 4차 산업혁명에서 높은 생산성은 사람의 고유한 창조력을 키우고 그 발산을 위한 최적의 환경을 만들 때 확보된다. 사람으로부터 모든 것이 나오며 사람을 포기하면 아무것도 얻을 수 없다. AI가 아무리 뛰어나다 해도 사람이 제대로 활용하지 못하면 제 기능을 할 수 없다. 거듭 확인했듯이 첨단 자동화도 사람의 역할이 전제되지 않으면 역효과를 낳을 수 있다.

창조력 발산이 극대화되려면 가치 창출에 종사하는 사람(작업자)이 자발적 열정을 갖고 몰입해야 한다. 이를 위해서는 작업자가 경제 활동의 목적으로 간주되고, 조직의 중심을 이루며, 권력(결정권) 행사의 주체가 되어야 한다. 더불어 노력에 따른 충분한 보상이 제공되어야 한다. 이러한 조건을 갖춘 일자리는 '좋은 일자리'이다. 우리는 이를 4차 산업혁명에 조응하는 사회과학 용어로 사용하고자 한다.

좋은 일자리가 만들어질 때 창조력 발산이 극대화되어 생산성이 지속적으로 상승할 수 있다. 좋은 일자리 중심으로 경제가 운용될 때 생산성의 지속적 상승으로 작업자, 경영자, 투자자, 소비자 등 이해관계자 모두가 함께 이익을 누릴 조건이 마련된다.

사람 중심 경제는 '좋은 일자리 중심으로 상생을 추구하는 경제'이다. 자본 증식 중심으로 배타적인 경제 운영을 추구하는 자본 중심 경제와의 근본적 차이를 드러내는 지점이다.

자본 중심 경제에서 노동과 자본, 사회와 개인, 국가와 시장은 기본적으로 갈등 대립 관계였다. 하지만 사람 중심 경제에서는 갈등 관계가 상생을 지향하는 협력 관계로 전환된다. 이를 바탕으로 소모적 대결로 인한 에너지 낭비가 최소화되고 협력을 통한 시너지 효과가 극대화된다. 이는 자본 증식을 중심으로 움직이는 자본 중심 경제보다 사람 중심 경제가 한결 우월함을 입증하는 중요한 지점이다. 동시에 사람 중심 경제로의 전환에 대한 사회적 합의가 성사될 수 있는 원천적 지점이다.

좋은 일자리 중심 경제 운영이 성공하기 위해서는 반드시 세 가지 원칙이 지켜져야 한다.

**첫째, 양이 아닌 질을 우선해야 한다.** 질이 좋은 일자리일수록 생산성이 높아져 매출이 늘고, 이로 인해 일자리 양이 확대될 수 있다. 질을 우선할 때 일자리 양도 해결될 수 있는 것이다.

**둘째, 청년을 우선적으로 고용해야 한다.** 4차 산업혁명이 요구하는 창조력을 보다 풍부하게 간직하고 있는 층은 청년들이다. 청년들이 잠재력을 최대한 발휘할 기회를 확대할 때 산업 전반의 발전이 연쇄적으로 촉진되면서 다른 세대의 고용 기회도 덩달아 늘어날 수 있다.

**셋째, 신산업 창출에 역점을 두어야 한다.** 주로 노동과 자본의 결합에 의존했던 전통적 제조업 중심의 구산업은 일자리 창출 능력이 갈수록 약화하고 있다. 좋은 일자리가 만들어지려면 가치 창출 원천에서 창조력의 비중이 큰 신산업 창출이 지속적으로 이루어져야 한다.

사람 중심 경제에서 노동자, 직원, 구성원 등 다양한 명칭으로 불린 작업자는 이제 더는 일방적인 자본의 이윤추구 재물이나 기계의 부속품이 아니다. 작업 과정은 자신을 강박하고 마모시키는 것에서 벗어나 자아실현 과정과 더욱더 일치되어간다. 기업 경영은 돈 혹은 재화 흐름 중심에서 작업자의 역할을 중심으로 전개되는 '사람 중심 경영'으로 나아간다.

사람 중심 경제에서 작업자는 각자가 중심인 조건에서 수평적 협력을 하는 독립 주체로 성장한다. 과거 2차 산업혁명 시대에 수직적 위계질서 아래서 엄격한 통제 대상이 되었던 노동자와는 확연히 다른 존재이다. 독자적 기획 관리 능력을 갖춘 경영 동반자로서 현장경영자이다. 좋은 일자리의 주역인 작업자는 사람이 세상의 주인임을 드러내는 사람 중심 경제의 살아 있는 징표이다. 우리는 작업자의 모습을 통해 사람 중심 경제의 본질을 한눈에 읽을 수 있다.

좋은 일자리 중심의 경제 운영이 정착되는 과정에서 기업 경영자의 역할도 질적으로 달라진다. 현명한 경영자라면 창조력 가치가 모든 것을 지배하는 4차 산업혁명 시기에 무엇보다도 사람에게 충성하려 할 것이다. 좋은 일자리를 우선하는 사람 중심 경영은 기업 경영자가 선택할 수 있는 최선의 길이다.

기업 경영자는 개성을 달리하는 작업자들이 조화롭게 제 역할을 할 수 있도록 이끄는 오케스트라 지휘자이다. 경영자는 사람 중심 경영을 바탕으로 탐욕스러운 자본가와는 사뭇 다른 '경제 지도자'가 되어야 한다. 그럴 때 경영자는 경영 실적 개선을 바탕으로 사람 중심 경제를 성공적으로 이끄는 또 다른 핵심 축이 될 수 있다.

경영자 의지에 따라 개별 기업에서도 좋은 일자리 중심 경제 운영을 실천할 수 있다. 실제 그와 유사한 사례들이 IT 벤처기업을 중심으로 다수 발견되고 있다. 가령 직원 행복을 우선함으로써 경영 실적이 개선될 수 있음을 입증한 경우들이 많다. 돈을 잘 벌어서 행복한 것이 아니라 행복해서 돈을 잘 번다는 이야기는 이런 배경에서 나온 것이다. 좋은 일자리 중심 경제 운영이 충분히 실현 가능하며 결과 또한 성공적일 수 있음을 입증해준다.

수많은 사례들이 입증하고 있듯이 4차 산업혁명 시기에는 경영자가 어떤 철학을 갖고 있느냐에 따라 경영 양상이 천양지차로 달라진다. 엄격한 노동 통제가 필수적이었던 2차 산업혁명 시기와의 차이점이다. 사람 중심 경제에 부합하는 경영철학을 정립하고 널리 확산시키기 위한 노력이 필수적으로 요구된다.

새로운 경영철학에 입각한 경영자의 자발적 노력은 매우 필요하고 중요한 의미를 갖는다. 하지만 경영자 개인 의지만으로 좋은 일자리 중심 경제 운영이 일반화되고 구조화되기 어렵다. 별도의 조건이 함께 갖추어져 한다. 사회적 투자의 제도화와 국가와 시장의 수평적 협력이 그것이다.

## 사회적 투자의 제도화

자본 증식 중심으로 움직이는 자본 중심 경제는 역사적 시효가 다해가고 있다. 우리는 서둘러 그곳에서 빠져나와야 한다. 그렇다고 해서 자본마저 쓸모없는 존재가 되는 것은 아니다. 자본은 여전히 경제 활동에 긴요한 요소이다. 자본 투자는 변함없이 이루어져야 한다.

모든 자본 투자 행위는 개인의 이익 추구로부터 비롯된다. 개인의 이익 추구는 시장경제를 구성하는 기본 요소로서 경제 활력을 유지하는 원동력이다. 어떤 형태로든지 보장되어야 한다. 자본 중심 경제에서 자본 투자는 사회적 이익을 거침없이 희생하면서까지 개인 이익 추구를 앞세우는 방식으로 이루어졌다. 자본 중심 경제에서 개인의 이익과 사회적 이익은 정면충돌하기 일쑤였다. 반면 사람 중심 경제는 다양한 이해관계자들의 상생을 지향한다. 이는 곧 개인의 이익과 사회적 이익 사이의 충돌을 극복하고 조화를 추구한다는 것을 뜻한다.

과연 자본 투자가 이와 같은 사람 중심 경제의 본성에 부합하는 방향에서 재구성될 수 있을까? 여기서 주목해야 할 지점이 있다. 과거에는 자본 이익 극대화와 투자자 이익은 서로 일치한다는 통념이 확고하게 지배했다. 하지만 자본 중심 경제의 수명이 다해가면서 양상이 바뀌고 있다.

빈번해진 투자 사고로 자본 이익 극대화 추구가 결과적으로 투자자 이익을 잠식할 확률이 높아졌다. 마이너스 금리 확산에서 상징적으로 드러나듯이 자본 증식 조건마저 사라질 위기가 엄습하고 있다. 자본 이익 극대화에 목매다가는 자칫 모든 것을 잃어 버릴 수도 있다. 맹목적인 자본 이익 극대화와 투자자 이익이 서로 불일치할 확률이 갈수록 커지고 있는 상황이다.

이러한 이유로 투자자 그중에서도 생계형 투자자들은 적지만 안정적인 이익의 지속적 보장으로 관심을 돌릴 가능성이 커지고 있다. 지속 가능한 안정적인 이익 추구는 투자에 대한 사회적 보장이 있을 때 가능하다. 사회적 보장은 오직 개인의 이익과 사회적 이익이 조화를 이루는 조건에서만 실현될 수 있다. 이로부터 개인의 이익과 사회적 이익이 조화를 이루는 방향에서 투자가 이루어지는 '사회적 투자'라는 새로운 범주 설정이 가능해졌다.

사회적 투자는 맹목적인 자본 이익 극대화가 아니라 투자자라는 사람의 이익을 합리적으로 추구한다. 사람 중심의 투자이다. 이는 사람 중심 경제를 구성하는 또 하나의 요소이다.

이윤 극대화라는 맹목이 지배하던 자본의 세계는 사람 중심 경제에 이르러서 가까스로 이성의 눈을 뜬다. 자본의 숙주로 거친 광야를 배회하던 투자자들은 사회적 투자라는 약속의 땅에 이르러 비로소 안식을 누린다. 인간 사회는 자본 바이러스 감염에서 벗어난다.

다행히도 '사회적 경제, 사회적 기업' 등의 제도화를 통해 '사회적 투자'를 구현할 수 있는 여지가 한층 풍부해졌다. 현재 한국에서 사회적 경제는 합법적 지위를 획득한 상태이며, 정부 지원 아래 꾸준한 성장을 보이고 있다. 사회적 경제의 핵심은 개인 이익 우선인가 사회 이익 우선인가를 놓고 벌어졌던 좌우 이념 대결에서 벗어나 사회적 이익과의 조화 속에서 개인 이익을 추구하는 데 있다. 사회적 기업은 사회적 경제의 취지를 기업 차원에서 구현하는 것을 목표로 하고 있다.

사회적 투자는 이 같은 사회적 경제 원리를 자본 투자 영역으로 확장시킨 것이라고 볼 수 있다. 요컨대 사회적 이익과 개인의 이익이 조화를 이루는 자본 투자를 추구하는 것이다. 사람 중심 경제는 좋은 일자리를 중심으로 운영되는 경제이다. 좋은 일자리는 더없이 중요한 사회적 이익이다. 좋은 일자리가 만들어져야 작업자의 질 높은 삶이 보장되면서 이해관계자 모두 함께 이익을 누릴 수 있다. 생산성 상승으로 경제가 회복되면서 복지 증진 등 갖가지 과제들이 덩달아 해결될 수 있다.

좋은 일자리가 사회적 이익과 직결되는 또 다른 이유가 있다. 사회에 해악이 되는 일을 하는데 좋은 일자리가 될 수는 없다. 좋은 일자리는 사회적으로 유용한 제품과 서비스를 생산함으로써 작업자 스스로 자부심을 느낄 수 있을 때 성립된다. 좋은 일자리는 본성적으로 사회적 이익을 증대시킨다.

사람 중심 경제에서 자본 투자는 더없이 중요한 사회적 이익인 좋은 일자리와 조화를 이루는 방향으로 이루어져야 한다. 그런 점에서 사람 중심 경제에서의 모든 자본 투자는 사회적 투자여야 한다. 사회적 투자는 투자자 개인의 양심에만 의존하는 것이 아니라 반드시 제도화로 이어져야 한다. 사회적 투자의 수준과 형태는 매우 다양할 수 있다. 하지만 이사회 구성에서 사실상의 100% 권한을 행사해왔던 주주총회 지위는 변화가 불가피하다. 사회적 투자는 궁극적으로 자본 중심 경제의 본질이었던 자본의 경제 권력 독점을 종식시킨다. 자본 소유자가 전체 경영을 지휘하는 경영자의 권한과 각자 영역에서 행사되는 작업자의 권력을 임의로 침해할 수 없다. 금융자본이 기업을 지배하고 마음대로 착취하는 것은 더는 가능하지 않다.

사회적 투자의 제도화는 자본 중심 경제와의 제도적 결별을 의미한다. 사회적 투자의 제도화를 통해 사람 중심 경제와 자본 중심 경제 사이의 사회적 경계선이 명확해진다. 사회적 투자의 제도화는 그러한 방향으로 추진되어야 한다. 사회적 투자 제도화의 역사적 의의이다.

사회적 투자의 제도화는 경제 권력의 재분배와 재구성을 수반한다. 독점에서 공유로 나아간다. 사람 중심 경제로 이행하는 데서 가장 갈등이 첨예한 지점이 될 수 있다. 매우 장기적인 관점에서 점진적으로 접근할 필요가 있다. 적용 범위를 산업 특성을 고려해 단계적으로 확대할 수 있고 수위를 점차 높여갈 수 있다. 이 모든 것을 좌우하는 것은 사회적 합의 정도일 것이다.

여기서 잠시 짚고 넘어가야 할 사항이 있다. 사회적 투자의 제도화는 개인의 자본 소유와 이익 추구는 변함없이 인정한다. 다만 사회적 이익과의 조화를 추구할 뿐이다. 사회적 경제의 원리가 그대로 관철되는 것이다. 반면 사회주의 사회의 핵심 요소인 생산수단 사회화는 개인 소유와 이익 추구를 부정하거나 제한한다. 더 분명하게는 집단 소유와 이익을 우선한다. 이런 점에서 사람 중심 경제는 사회주의 경제와도 질적으로 구별된다.

## 국가와 시장의 수평적 협력

사람 중심 경제로의 전환에 대해 방향은 공감할 수 있다 하더라도 어떤 식으로 실현 가능한지에 대해 여전히 의문이 남을 수 있다. 과연 어떻게 압도적 다수의 동의와 지지를 얻으며 사회적 합의를 성사시킬 수 있을까? 기업 경영자들의 적극적인 지지와 동참은 어떻게 이끌어낼 수 있을까? 필수적인 사회적 투자의 제도화는 또한 어떻게 성사될 수 있을까?

출발 단계에서 사람 중심 경제를 추구하는 사람들은 소수일 수밖에 없을 것이다. 소수가 다수의 지지를 획득하고 이를 바탕으로 자신의 의지를 실현하는 일반적 경로는 다름 아닌 '정치'이다. 어떤 형태로든지 사람 중심 경제를 추구하는 정치세력은 반드시 출현할 것이다. 사람 중심 경제에 대한 사회적 합의는 일차적으로 해당 정치세력에 대한 다수의 지지를 통해 형성될 것이다. 해당 정치세력은 국가권력 획득에 성공할 것이라 확신한다. 그다음부터는 모든 것이 달라질 수 있다.

자본 중심 경제가 지배하는 조건에서는 자본과 노동, 개인과 사회가 갈등하고 대립하기 쉽기 때문에 국가와 시장도 갈등할 소지가 많았다. 사람들의 사고를 지배한 프레임 또한 국가통제 대 시장방임으로서 국가와 시장을 대립 관계로 파악했다. 좌파는 국가통제를, 우파는 시장방임을 지지했다.

앞서 간략히 살펴보았지만 전통적 우파의 시장방임 옹호는 실상 자본의 자유로운 이윤추구 보장을 주장하는 것이었다. 1929년 대공황과 2008년 글로벌 금융위기에 이르기까지 역사적 경험이 생생히 입증하듯이 자본의 무분별한 이윤추구와 과잉축적은 시장질서 파괴로 이어졌다. 그럴 때마다 구제를 호소하며 매달린 곳은 기피 대상으로 삼았던 국가였다. 지나온 역사는 국가의 적절한 개입과 통제가 시장의 원활한 작동을 뒷받침해왔음을 입증한다.

국가통제 대 시장방임 프레임은 자본 중심 경제 지배에서 비롯된 과거형 프레임이다. 좋은 일자리를 중심으로 상생을 추구하는 사람 중심 경제로 전환하는 단계에 이르면 프레임이 완전히 바뀐다. 새로운 프레임은 국가와 시장이 대립하고 협력하는 관계로 본다. 새로운 미래는 국가와 시장의 협력에서 열린다. 이를 뒷받침하는 사례들이 몇 가지 있다.

공산당의 확고한 헤게모니가 작동한 결과이지만 중국은 현장 수준에서 국가와 시장의 협력이 잘 이루어지고 있는 나라이다. 중국이 4차 산업혁명 시대 기술 발전을 포함해 강력한 경제 활력을 유지해온 비결이다. 독일을 경제 강국 반열에 올려놓은 산업 4.0 정책은 인력 개발과 산업 시스템 혁신 등에서 정부와 기업 간의 긴밀한 협력을 바탕으로 추진된 것이다. 앞으로 살펴볼 한국 의료산업의 높은 생산성도 상당 정도 국가와 시장의 협력에서 나온 결과이다.

한국에서 국가와 시장, 정부와 기업은 서로 겉돌거나 갈등 관계에 놓여 있다. 이를 극복하지 못하면 정부 차원에서 아무리 많은 재정을 투입하고 정책 수단을 총동원한다 해도 원하는 결과는 만들어낼 수 없다. 국가와 시장이 서로 협력하는 방향으로 관계를 재정립해야 한다. 여기서 반드시 필요한 요소는 상생 협력을 추구하는 사람 중심 경제 시대 리더십으로서 '수평적 리더십'이다. 수평적 리더십의 기본 원리는 '소통, 공감, 동행'이다. 기업 경영자를 포함한 다양한 이해관계자와 긴밀히 소통하며 사람 중심 경제로의 전환에 대한 공감을 이끌어내고 당사자들이 기꺼이 동행할 수 있도록 계기를 마련해야 하는 것이다. 그런데 기업은 이익을 추구하는 조직이다. 이익 증대를 수반하지 않은 채 가치만으로 동의를 이끌어내기는 어렵다. 바로 여기서 국가와 시장의 협력이 갖는 경제적 효과가 중요해진다.

국가와 시장, 정부와 기업의 수평적 협력이 만들어낼 수 있는 시너지 효과는 무궁무진할 것으로 보인다. 창조력 고양을 위한 지속적인 교육 훈련 시스템 구축, 빅데이터 확보와 활용, 글로벌 협력 네트워크 구축, 고비용 최첨단 기술 개발 등 4차 산업혁명 시대 핵심과제는 국가와 시장의 긴밀한 협력을 전제할 때 원활한 해결을 기대할 수 있다.

수평적 협력을 지렛대로 국가는 기업들로 하여금 사람 중심 경제로의 전환에 적극 동참하도록 유도할 수 있다. 국가는 이를 효과적으로 뒷받침하기 위해 자신이 지닌 권력과 자산을 최대한 활용할 수 있다. 기업이 사람 중심 경제로의 전환에 동참하면 확실한 이익을 얻을 수 있지만 그렇지 못하면 불이익을 보는 다양한 프로그램을 작동시킬 수 있다. 국가의 고유 수단인 당근과 채찍을 사용해 유인과 강제 효과를 이끌어낼 수 있는 것이다.

국가와 시장의 협력은 사람 중심 경제를 추구하는 정치세력이 자신의 의지를 관철할 수 있는 가장 강력한 지렛대이다. 해당 정치세력은 바로 이 지점에서 목표를 실현하기 위한 핵심 전략을 찾는다.

국가와 시장의 협력은 기업에 따라 선택적으로 적용될 것이다. 우선적 협력 대상은 중소·벤처기업이다. 대기업은 변함없이 자본 중심 경제를 고수할 가능성이 상대적으로 높다. 한국의 대기업들은 대부분 재벌 계열사로 묶여 있다. 재벌은 쥐꼬리 지분으로 황제 권력을 행사하는 시스템이라는 점에서 자본의 지배력을 극대화한 체제이다. 자본 중심 경제를 포기하는 순간 존재 근거를 상실하기 쉽다. 이윤 창출 또한 자본운동에 크게 의존하고 있다. 대규모 자본이 투입된 장치산업 중심으로 이윤을 창출한 뒤 주주들에게 배당하고 있다.

그간 다양한 경로를 통해 확인되었지만 중소·벤처기업은 국가와의 원활한 협력이 전제된다면 사람 중심 경제로 합류할 여지가 풍부하다. 중소·벤처기업은 자본 동원 능력에서 결코 대기업에 맞설 수 없다. 중소·벤처기업이 경쟁력을 가질 수 있는 원천은 인적 자원을 최대한 활용하는 것이다. 창조력이 가치 창출의 주요 원천으로 떠오른 4차 산업혁명 시기에는 더욱더 그러하다. 그동안 중소·벤처기업 경영자 처지에서 좌우 대결 구도는 늘 불편할 수밖에 없었다. 사람 중심 경제로의 전환은 기업 경영자들이 좌우 대결 구도에서 벗어나 홀가분한 마음으로 자긍심을 갖고 경영할 수 있도록 해준다. 기업 경영자들에게 의외로 강력한 영향을 미칠 수 있는 요소이다.

이러한 맥락에서 국가는 중소·벤처기업과의 협력을 집중적으로 강화함으로써 이들을 국민경제의 중심으로 세워야 한다. 대기업은 그에 맞는 고유한 역할을 수행하도록 하되 사회적 책임을 강화하도록 유도할 필요가 있다. 이에 관해 앞으로 더욱 많은 검토가 있어야 할 것이다.

선택적 접근은 좋은 일자리 중심 경제 운영이라는 원칙에도 부합한다. 대규모 장치산업 중심으로 흐르는 대기업은 일자리 창출 능력이 갈수록 떨어지고 있다. 단적으로 2016년 한 해 동안 대기업 일자리는 9만 개 줄었다. 불황 탓도 있겠지만 그것만으로는 설명이 어렵다. 같은 기간 중소기업 일자리는 32만 개 늘었기 때문이다. 대기업의 일자리 질도 갈수록 떨어지고 있다. 일자리 질을 가늠해주는 간접고용 비중은 2014년 기준 5,000인 이상 대기업이 1,000인 이하 기업보다 두 배 정도 더 높았다. 대우조선해양·포스코건설·현대건설·대림산업 등 유수 대기업은 70%가 비정규직으로 채워져 있었다. 이 모든 상황은 대기업 중심 경제 운영을 지속하면 일자리 문제를 결코 해결할 수 없음을 말해준다.

사람 중심 경제를 지향하는 방향에서 국가와 시장의 협력이 원활하게 이루어지려면 무엇보다 두 분야를 책임지고 있는 정치 지도자와 경제 지도자로서 기업 경영자가 긴밀하게 소통하고 협력할 수 있어야 한다. 두 분야 지도자는 과거 권위주의 시절 정경유착 형태로 지극히 부정적 관계를 유지했다. 민주화와 함께 이러한 관계는 비판의 도마 위에 오르면서 상당 정도 해소되었다. 그 부산물로 둘은 따로 놀거나 갈등하는 관계로 변모했다. 이제 보편타당한 동반자 관계로 재정립할 때가 되었다. 사람 중심 경제에서는 늘 사람들의 관계 속에서 문제를 해결할 답을 찾는다.

## 문제 해결의 중심 고리로서 좋은 일자리

철학에서 힘을 집중해 풀어헤치면 나머지 과제도 비교적 쉽게 풀리고 그렇지 않으면 나머지 과제 역시 쉽게 풀리지 않는 지점을 중심 고리라고 한다. 중심 고리를 발견하고 힘을 집중하는 것은 과학적 문제 해결의 첩경이다. 과연 대전환기 문제 해결 중심 고리는 무엇일까?

결론을 먼저 말하자면, 중심 고리는 좋은 일자리이다. 앞서 사람 중심 경제 운영 원리로서 좋은 일자리 중심 경제 운영에 대해 다룬 바 있다. 이제부터는 좋은 일자리가 왜 문제 해결의 중심 고리이며 이를 어떻게 이해하고 받아들여야 하는지를 다루고자 한다. 동일한 주제일 수도 있는데 그만큼 중요하기 때문이다.

그동안 불평등 완화를 위한 처방으로 가장 쉽게 떠오른 것은 복지 확대였다. 하지만 과연 복지 확대가 불평등 해소의 최종 해답인지에 대해서는 신중한 판단이 필요하다.

한국의 경우 GDP 대비 사회복지 지출은 1997년 3.6%에서 2018년 11.1%로 크게 늘었다. 여전히 OECD 평균 절반 수준이지만 증가폭은 상당히 높았다. 문제는 사회복지 지출이 커졌는데도 같은 기간 불평등은 줄어들기보다 도리어 심화했다는 데 있다. 복지 사각지대에서 고통받는 사람들이 많은 것은 엄연한 사실이다. 복지 확충은 여전히 절실한 과제이다. 하지만 복지 확대에 의존한 불평등 해소는 상당히 한계가 있을 수밖에 없다.

만약 4차 산업혁명으로 인한 일자리 감소로 대량 실업이 장기화한다면 이를 실업 급여로 보충하는 것은 거의 불가능해진다. 급격한 평균수명 연장으로 급증하고 있는 노령 빈곤층 문제 역시 마찬가지다. 노령 인구의 삶을 연금만으로 뒷받침해주는 것은 거의 불가능에 가까워지고 있다.

어느 모로 보나 작금의 불평등은 복지 확대만으로 해소되기 어려울 만큼 근원적 성격을 지닌다. 불평등이 생기는 원천적 지점인 생산 현장에서부터 문제가 해결되어야 함을 말해준다. 충분한 보상이 따르는 좋은 일자리 중심 경제 운영이 그 해답이다. 초고령사회 문제도 인생 2모작에 맞는 일자리가 만들어질 때 해결될 수 있다. 일자리 문제 해결 없이는 그 어떤 수단도 온전한 해답이 될 수 없는 상황이다. 백약이 무효할 수도 있다.

사람 중심 경제로의 전환 과정에서 극적 반전의 지점은 청년들이 좋은 일자리를 갖는 것이다. 그동안 청년들은 4차 산업혁명 시기 일자리 감소의 집중적인 희생양이 되어왔다. 청년 실업은 암울한 경제 상황을 대표하는 지표였다. 청년들이 가장 갈망해온 것은 무엇일까? 실업 급여를 넉넉하게 안정적으로 지급받는 것일까? 일각에서 이야기하는 기본소득일까? 아니다. 앞길이 창창한 청년으로서는 일자리가 보장되지 않는 경우라면 그 어떤 처방도 비극일 뿐이다. 희망을 잃은 지옥과 다름없다.

청년들이 가장 갈망하고 절실하게 원하는 것은 그냥 일자리도 아니고 좋은 일자리이다. 혹자는 청년 실업의 책임을 청년들에게 돌린다. 한편에서는 사람을 구하지 못해 외국인 노동자를 고용하고 있는 형편에 청년들이 쓸데없이 눈만 높아서 있는 일자리를 걷어차고 있다고 비난한다. 물론 그런 사람들은 당신의 자녀를 그런 곳으로 보낼 의향이 있냐고 물으면 금방 꼬리를 내린다.

좋은 일자리에 대한 갈망은 청년들이 일자리를 어떤 시각으로 대하고 있는지 잘 말해준다. 청년들은 단순히 먹고살기 위한 방편으로 일자리를 대했던 그들의 부모 세대와는 사뭇 다르다. 청년들은 자신 안에 있는 풍부한 잠재력을 발산할 기회로서 일자리를 원한다. 사람 중심 경제가 지향하는 좋은 일자리 중심 경제 운영과 청년들의 욕망은 정확히 일치한다.

충분한 보상이 따르는 좋은 일자리를 가짐으로써 청년들의 처지가 개선된다. 이는 불평등 해소의 출발점이다. 앞서 간략히 언급했듯이 청년들 안에는 4차 산업혁명이 필요로 하는 창조력이 가장 풍부하게 축적되어 있다. 좋은 일자리는 청년들의 잠재력을 폭발시킴으로써 전반적인 산업 생산성의 지속적 상승을 가능하게 해준다. 좋은 일자리가 확대될 수 있는 환경이 만들어짐으로써 불평등 해소는 더욱 탄력을 받는다. 청년들이 좋은 일자리를 만남으로써 생겨나는 강력하고도 연쇄적인 시너지 효과이다.

이러한 과정이 적절한 신산업 육성 전략과 결합하면 관련 서비스업도 크게 확대될 수 있다. 이는 곧 인생 2막을 살아야 하는 노년층에게 더 풍부한 일자리를 제공하는 것으로 이어진다. 좋은 일자리 중심으로 접근하면 청년들의 삶과 노년층의 삶은 하나로 연결된다.

한 알의 씨앗을 심으면 곡식이 자라나 수십 수백 배의 알곡을 맺는다. 농사의 원리다. 좋은 일자리를 만드는 과정은 농사와 같다. 좋은 일자리는 높은 생산성을 바탕으로 하나를 투입하면 열 이상을 만들어낸다. 불평등을 해소하고 삶의 질을 끌어올릴 사회적 능력을 크게 강화시킨다.

사람 중심 경제는 사회 전체가 한 사람의 작업자가 잠재력을 발휘할 수 있는 최적의 환경을 보장하기 위해 노력한다. 작업자는 자신의 잠재력을 최대한 발휘함으로써 생산성의 지속적 상승을 통해 사회 전체를 이롭게 한다. 과거 마르크스주의자들이 외쳤던 고색창연한 구호 "전체는 하나를 위하여! 하나는 전체를 위하여!"는 사람 중심 경제에서 이렇게 실현된다.

좋은 일자리를 만들기 위해서는 신산업 육성을 위한 인프라를 구축해야 하고 창조력 고양을 위한 교육훈련이 지속적으로 이루어져야 한다. 생산적 구조조정을 뒷받침할 사회안전망을 마련하는 일도 필수다. 이 모든 과제 해결에는 막대한 재원이 필요하다. 상당 부분이 국가의 몫이다.

사람 중심 경제는 국가와 시장의 협력을 바탕으로 이루어진다.

최우선적인 협력 과제 역시 처음부터 끝까지 좋은 일자리 창출이다. 국가는 한정된 자원을 좋은 일자리 창출을 위해 집중 투입해야 한다. 좋은 일자리를 만들기 위해 투입되는 국가 자원은 새로운 미래를 여는 밑천으로서 종잣돈 성격을 갖는다. 내친김에 종잣돈을 갖고 이야기를 풀어보자. 국가가 경상지출 외에 쓸 수 있는 연간 100조 원의 종잣돈을 어렵사리 마련했다고 가정하자. 정말 피 같은 돈이다. 이 돈을 어디에 어떻게 쓰느냐가 미래를 좌우할 수 있다.

농부 처지가 되어 생각해보자. 농부는 늘 그해 농사를 위해 종자를 보관한다. 아이들이 배가 고파 고통을 호소하면 이를 보다 못한 농부는 보관해둔 종자로 밥을 지어 줄 수도 있다. 그러면 그해 농사는 망칠 수밖에 없고 결국 가족 모두 굶어 죽을 수 있다. 그래서 농부는 곧 굶어 죽을 위기에 처하더라도 종자로 밥을 해 먹는 어리석음을 절대 범하지 않는다.

국가 역시 종잣돈을 당장의 배고픔을 면하게 해주기 위해 현금복지 형태로 모두 나누어 줄 수 있다. 물론 그 대가로 좋은 일자리 만드는 노력은 한 해 농사 포기하듯이 과감하게 접어야 한다. 종잣돈을 구시대의 끝물로 쓸 것인가 새 시대의 마중물로 사용할 것인가? 가망 없는 낡은 집 보수하는 데 쓸 것인가 번듯한 새집을 짓는 데 사용할 것인가? 과연 농부의 상식을 지닌 다수 국민들은 어느 쪽을 지지할까?

"모든 힘을 좋은 일자리 창출을 위하여!"는 사람 중심 경제를 관통하는 대표 슬로건이다. 사람 중심 경제에서 좋은 일자리는 이제 대기업과 공공부문 등에서 배타적으로 누리던 특권이 아닌 모든 사람이 함께 누릴 수 있는 보편적 기회가 된다. 산처럼 쌓인 숙제를 풀어야 하고 더 많은 인내의 시간이 필요할 수도 있겠지만 일관되게 그런 방향으로 나아간다.

좋은 일자리 중심 운영을 추구하면서 여전히 해결되지 않는 부분은 복지를 통해 보완된다. 사람 중심 경제에서 좋은 일자리가 문제 해결의 대체재 기능을 한다면 복지는 보완재의 성격을 갖는다. 사람 중심 경제에서 경제 회복을 바탕으로 복지의 양과 질 모두가 크게 개선될 수 있다. 사람 중심 경제는 복지국가의 순기능을 계승하면서도 동시에 그 한계를 넘어선다.

## 두 범주 경제의 본질적 차이

지금까지 논의를 바탕으로 사람 중심 경제가 기존 자본 중심 경제와 본질적으로 어떻게 다른지 종합 정리해보자. 이를 통해 새로운 경제를 왜 사람 중심 경제라 부를 수 있는지가 한층 명확해질 수 있다.

자본 중심 경제와 사람 중심 경제의 본질적 차이는 세상이 무엇을 중심으로 움직이는가 하는 작동 원리에 있다. 자본 중심 경제에서 중심은 자본이다. 자본이 진정한 주인이다. 세상은 자본을 중심으로 돌아가며 자본이 사람을 지배한다. 사람은 자본의 숙주이며 도구이자 부품이고 노예였다.

흔히 자본가라 불린 사람들은 자본의 숙주였다. 자본은 바이러스처럼 이들 숙주 없이는 증식할 수 없었다. 자본가들은 욕망마저 자본 증식의 완벽한 포로가 되었다. 그들은 오직 돈 불리는 맛에 사는 사람들이었다.

기업 경영자는 자본 증식의 도구로 존재해왔다. 기업 경영 제일의 잣대는 두말할 필요도 없이 자본 이익 극대화였다. 신자유주의는 이를 매우 노골적인 수준에서 강제했다. 기업 경영은 모든 초점을 주가 상승에 맞추어야 했고 그 일환으로 자사주 매입 등에 투자자금까지 쏟아붓는 등 기업 자신을 희생시켜야 했다. 그렇지 못한 경영자는 가차 없이 목이 잘려 나갔다.

노동자는 기계의 부품으로 존재했다. 노동은 극도로 단순화 표준화되면서 인간적 요소가 완전 제거되었다. 혹자는 컨베이어 벨트 앞 노동자를 두고 기계의 시중을 드는 하녀 같다고 표현했지만 이마저도 상황을 너그럽게 봐준 것이었다. 인간의 기계화는 극한에 이르렀다. 노동은 자아실현과는 극도로 거리가 먼 삶을 마모하는 과정이었을 뿐이다.

그럼에도 자본 중심 경제가 끈덕지게 살아남을 수 있었던 이유는 생산력 발전에 기초한 '금전적 보상' 때문이었다. 자본의 숙주

혹은 도구 역할을 한 자본가나 기업 경영자들은 막대한 금전을 손에 거머쥠으로써 호사스러운 생활을 누릴 수 있었다. 노동자들은 상승된 임금으로 잠시나마 소비의 즐거움을 만끽했다. 노동자들은 짧은 순간의 쾌락을 위해 힘들고 지루한 노동을 견뎌냈다. 자본 중심 경제는 한마디로 돈과 영혼을 맞바꾼 세계였다. 영혼 없는 삶이 지속된 세계였다.

사람 중심 경제에 이르러 자본과 사람의 관계는 180도 바뀐다. 사람 중심 경제에서 중심은 사람이다. 사람이 진정한 주인이다. 세상은 사람을 중심으로 돌아가며 사람이 자본을 지배한다. 자본은 사람의 경제적 이익 실현을 위한 도구이자 수단으로 존재한다.

사람 중심 경제에서는 사람이 새로운 생산수단인 창조력을 바탕으로 자본을 지배한다. 생산수단을 장악한 자가 세상을 지배한다. 이는 변함없는 법칙이다. 중세시대는 토지를, 자본주의 시대는 자본을 장악한 자가 세상을 지배했다. 생산수단 중에서도 산업 발전 단계에 조응하는 최신의 생산수단을 장악한 자가 구시대 생산수단을 보유한 자를 압도한다. 자본주의 시대는 자본을 보유한 자가 구시대 생산수단인 토지 보유자보다 한층 우월한 위치에 있었다.

3차 산업혁명 이후 최신의 생산수단은 지식을 포괄하는 창조력이다. 창조력을 갖고 있으면 구시대 생산수단인 자본마저 유치하고 지배할 수 있다. 이를 입증이라도 하듯이 오늘날 무일푼인 사람이 창조력을 기반으로 삼아 짧은 시간 만에 거액의 자본을 거머쥐는 경우가 속출하고 있다. 반면 자본의 독자적 지배력은 갈수록 약해지고 있다. 사람 중심 경제에서는 벤처기업에서 나타나는 특성이 사회적 투자 제도화를 통해 일반화되고 지속화된다.

사람 중심 경제에서는 사람이 자신의 본성을 되찾고 그에 맞게 움직일수록 한층 유익한 결과가 만들어진다. 3차 산업혁명 이후 새로운 가치 창출의 주요 원천이자 생산수단인 창조력은 사람에게만 존재하는 고유한 요소이다. 창조력의 발산은 사람이 자신 안에 있는 잠재력을 실현하는 과정이다. 창조적 작업은 삶의 마모가 아닌 자신의 본성을 회복하는 자아실현의 과정이다. 그럴 때 지속적인 생산성 상승으로 작업자 자신을 포함해 모두를 이롭게 할 수 있다.

기업 경영자는 자본의 도구가 아닌 구성원들의 창조적 역할을 조화롭게 이끌어내는 지휘자이다. 그럴 때 경영 실적이 지속적으로 개선되면서 경영자로서의 능력도 인정받을 수 있다. 투자자도 자본의 숙주에서 벗어나 사회적 이익과의 조화를 추구하는 방향에서 이성의 인도를 받는 합리적 투자를 행한다. 그럴 때만이 변화된 환경에서 안정적인 이익을 보장받을 수 있다.

사람 중심 경제에서 생기는 문제는 상생을 지향하는 방향에서 사람과 사람의 관계를 통해 해결되어간다. 자본 중심 경제는 우리 모두가 지겹게 경험해왔듯이 갈등과 대립의 세계였다. 기본적으로 자본과 노동의 분열로부터 시작되어 개인과 사회, 시장과 국가의 갈등 대립이 파생되었다. 노동자 계급과 자본가 계급은 오랫동안 다른 세계에 머물면서 서로를 적대시했다. 자본가와 노동자 모두 상대를 자신과 같은 종류의 사람이라고 털끝만치도 생각하지 않았다.

사람 중심 경제에서 작업자, 경영자, 투자자. 소비자 등 모든 이해당사자는 함께 살아가야 할 똑같은 사람으로 간주된다. 사람 중심 경제의 운영 원리인 좋은 일자리 중심의 경제 운영과 사회적 투자의 제도화, 국가와 시장의 협력은 다양한 이해당사자들의 상생을 가능하게 해준다.

다양한 이해당사자들이 상생을 추구할 때 각자 최선의 결과를 얻을 수 있기에 문제 해결 역시 갈등 대립보다는 소통과 협력을 위주로 이루어진다. 기업 내부 문제는 경영자와 작업자, 작업자와 작업자의 소통과 협력을 통해 해결된다. 국가와 시장 사이의 문제는 주로 두 영역의 지도자인 정치인과 경영자의 긴밀한 소통과 협력을 통해 해결된다. 사람 중심 경제는 사람이 출발점이자 중심이며 목표이다. 사람에 의한, 사람을 위한, 사람의 경제이다. 사람의 본성적 요구에 부합할수록 더욱 활기차게 굴러갈 수 있는 경제이다.

지금까지 사람 중심 경제가 자본 중심 경제와 비교해서 어떤 본질적 차이가 있는지 기술했다. 물론 위의 기술은 문제를 최대한 단순화시킨 '이념적 표현'에 해당한다. 어디까지나 인간이 어떤 방향으로 노력해야 하는지 알려주는 좌표로서 의미를 갖는다. 현실은 이 좌표와 얼마든지 거리가 있을 수 있다. 그럼에도 대전환기에 필요한 새로운 좌표 설정은 절대적 가치를 지닌다.

사람 중심 경제에서도 여전히 해결되지 않은 많은 과제들이 있을 것이다. 무엇보다도 인간과 자연의 관계 재정립은 끊임없이 노력을 기울여야 할 과제가 될 것으로 보인다. 세상에 모든 과제를 완벽하게 해결할 수 있는 모델은 존재하지 않는다. 그 어떤 진보적 대안도 새로운 모순과 한계를 품을 수밖에 없으며 그저 어제보다 나은 내일을 기약할 뿐이다.

## 사람 중심 경영자 연대

지금까지 기업을 중심으로 사람 중심 경제로의 전환을 모색했다. 이 점에서 농업인과 소상공인은 혹여 소외감을 느낄지도 모른다. 하지만 전혀 그럴 필요가 없다. 도리어 이들이야말로 사람 중심 경제를 앞장서서 실천해온 주역이라고 할 수 있다. 단지 표현을 그렇게 하지 않았을 뿐이다.

미국의 농업은 전형적인 자본 중심 경제이다. 막대한 자본 투입을 바탕으로 대규모 기업농 체제를 유지하고 있다. 직접 작업에 종사하는 사람들 다수는 농부가 아닌 농업 노동자이다. 한국

농업은 이와 정반대로 소농 중심의 독립 경영을 추구해왔다. 사람 중심 경영이다.

소농 경영의 한계를 극복하려는 한 방책으로 영농조합 형태의 협동조합이 활성화됨으로써 사람 중심 경제로서 성격이 더욱 강화되었다. 협동조합은 자본의 이윤 창출이 아닌 조합원의 공동 이익 실현을 목표로 하며 1인 1표 의사결정 구조를 갖춘 철저한 사람 중심 경제 조직이다.

그동안 소상공인들은 자본 중심 경제에 속한 대형 유통업체 위협에 맞서 생존을 유지하고자 사력을 다해왔다. 소상공인들은 오는 고객에게 단순히 물건을 파는 것만으로는 생존을 보장받을 수 없음을 깨달았다. 이를 극복하려는 노력의 일환으로 전통시장 혹은 골목시장을 지역 문화 플랫폼으로 발전시키려 해왔다. 상품 구매 과정도 문화 체험의 일부로 재구성했다. 소상공인들의 상호 협력을 바탕으로 이루어진 창의적 과정이었다. 덕분에 소상공인에 의한, 소상공인을 위한, 소상공인의 경제로서 특성이 살아날 수 있었다. 소상공인이라 불리는 사람 중심으로 움직이는 액면 그대로 사람 중심 경제가 펼쳐진 것이다.

사람 중심 경제에서 다양한 경제 주체들은 경영자로서 정체성을 공유하며 이를 기반으로 연대하고 협력한다. 농민은 이미 농업경영인으로서 정체성을 확립해가는 추세이다. 농업 자체도 벤처농업으로서의 성격이 날로 강화되고 있다. 소상공인 또한 문화

가치를 포함해 다양한 형태로 가치를 창출하는 소상공경영인으로서 정체성을 형성해가고 있다. 경영자와는 정반대 세계에 머물던 노동자 역시 단순반복 작업에서 벗어나 현장경영자로서 위상을 확보할 것이다. 4차 산업혁명 시대에 기술에 의한 노동 대체라는 위협에서 벗어날 수 있는 거의 유일한 길이다. 그런 점에서 경영자로서 정체성 재정립이 가장 절실한 사람은 노동자일 수 있다.

다양한 직업군이 경영자로서 정체성을 공유하고 사람 중심 경제라는 공통의 좌표 아래 폭넓은 연대를 실현할 수 있다. '사람 중심 경영자 연대'는 심리적 연대일 수도 있고, 정책적 연대일 수도 있으며, 조직적 연대일 수도 있다. 중요한 점은 이러한 연대를 통해 소모적 갈등을 최소화하고 협력의 기운을 더 높은 수준으로 끌어올릴 수 있다는 사실이다.

사람 중심 경영자 연대는 사람 중심 경제로의 전환에 대한 사회적 합의의 강력한 기초로 작용할 것이다. 사람 중심 경영자 연대를 바탕으로 사회적 합의는 낮은 수준에서 높은 수준으로 발전해갈 수 있다. 사람 중심 경영자 연대를 탄탄하게 다질 수 있는 적극적인 전략을 모색할 필요가 있다.

사람 중심 경영자 연대를 바탕으로 연대와 협력이 새로운 사회 운영 원리로 정착된다. 좋은 일자리를 중심으로 상생을 추구하는 사람 중심 경제 운영 원리는 보편적 사회 운영 원리로 승화된다.

## 좌우 구도 그 너머를 향해

지금까지의 논의는 지난한 여정의 출발일 뿐이다. 사람 중심 경제에 대해 큰 틀에서 방향을 제시하면서 기초적인 개념 설계를 시도한 수준이다. 그 이상 구체적인 내용은 다양한 실천적 검증을 바탕으로 집단지성이 채워갈 것이라 믿는다. 지금 중요한 것은 목표와 방향의 공유이다.

여기에는 엄격한 전제가 있다. 그동안 암암리에 우리를 지배해왔던 사고 틀을 완전히 바꾸어야 하는 것이다. 자본주의는 자본 중심 시장경제로서 시장경제와 자본 중심 경제 두 가지 범주로 구성되어 있다. 그중 시장경제는 다양한 경제 범주의 기반으로 작동하는 보편 기제이다. 반면, 자본 중심 경제는 자본주의의 고유한 범주이다. 사람 중심 경제는 자본 중심 경제를 대체한다. 그러면서 여전히 시장경제를 바탕으로 움직인다. 사람 중심 경제는 사람 중심 시장경제이다. 종합하자면 기존 자본 중심 시장경제가 사람 중심 시장경제로 바뀌는 것이다. 이는 원칙적으로 사람 중심 경제가 자본주의와는 질적으로 구별되는 전혀 다른 경제체제임을 말해준다.

사람 중심 경제로의 전환 과정은 흑갈색으로 가득했던 겨울 산이 계절이 바뀌며 점차 푸르러지고 알록달록한 색을 띠게 되듯 두 범주 사이의 경계가 그렇게 뚜렷하지 않을 수 있다. 비교적 짧은 시간에 벌어지는 격렬한 변화를 갈구하는 사람들에게는 답답함이 느껴질 수도 있다. 그럼에도 작동 원리가 확연히 달라지는 질적 변화가 따르는 것은 매우 분명해 보인다.

사람 중심 경제는 자본 중심 경제에 의해 짓눌리고 교란되었던 시장경제를 보다 원활하게 작동시킨다. 해방시킨다. 더불어 기업 조직 등 자본주의 경제를 구성했던 많은 요소들을 창조적으로 발전시킨다. 이런 점에서 사람 중심 경제는 과거와 같은 방식으로 자본주의를 전면 부정하지 않는다. 그러면서 자본주의를 넘어선다. 자본주의를 전혀 새로운 방식으로 극복한다.

이러한 변화는 정치사회적으로 매우 중요한 의미를 갖는다. 무엇보다 전통적인 좌우 대결 구도에서 완전히 벗어난다. 앞서 좌파 우파는 이념 집단의 성격을 갖고 있다는 점에서 진보 보수와는 의미가 다르다는 점을 확인했다. 사람 중심 경제는 그러한 좌우 이념 대결을 뛰어넘어 전혀 새로운 지점으로 나아간다. 좀 더 정확히 이야기하면 좌우 구도 자체를 점차 해체시킨다.

좌우 구도 안의 우파는 수명이 다해가는 자본 중심 경제에 갇혀 시장과 기업을 관리하고 발전시킬 안목과 능력을 모두 상실했다. 그들은 이제 더는 시장과 기업의 수호자가 아니다. 좌우 구도 안에서의 오른쪽은 사회적 기능을 상실한 과거 유물들의 전시장으로 전락하고 있다.

반대로 좌우 구도의 왼편을 지켜온 전통적 좌파 또한 자신의 목표에서 확연히 멀어지고 있다. 무엇보다도 전통적 좌파는 자신들이 그토록 반대해왔던 자본주의를 넘어설 길을 찾기 어려운 처지이다. 전통적 좌파는 마르크스주의 사상 그대로 자본 중심 경제와 시장경제를 통합된 하나로 본다. 불가피하게 시장경제를 인정하더라도 철저한 통제 대상으로 간주한다. 시장은 여전히 악마의 영역이다. 그동안 좌파는 기업을 두고 노동자를 착취하는 자본가의 도구로 인식해왔다. 기업 경영은 그러한 착취를 조직하는 과정이었다. 어느 정도는 진실을 반영한 것일 수도 있다. 그런데 무엇이 문제인가?

자본주의를 넘어서려면 시장과 기업 경영을 포괄하고 재구성해야 한다. 이를 위해서 시장 주체인 기업 경영자들을 공동의 목표를 추구하는 동반자로 만들어야 한다. 좌파의 입장에 서서 표현하자면, 시장과 기업 경영을 점령하고 그 책임자를 전취해야 한다. 좋은 일자리 중심 경제 운영은 오직 그럴 때 가능하다. 좌파적 관점은 이러한 접근을 원천적으로 가로막는다.

전통적 좌파는 무능할 뿐 아니라 위험하기조차 하다. 좌파는 자신의 의도와 무관하게 보수 매체의 보이지 않는 우군 역할을 하기도 한다. 보수 매체는 진보를 향해 반시장 반기업 세력이라는 딱지를 붙여왔다. 이는 시장경제를 지지하는 다수 사회구성원으로부터 진보를 고립시키기 위한 음흉한 술책이다. 전통적 좌파는 암암리에 그에 필요한 빌미를 제공해왔다.

비극은 여기서 그치지 않는다. 전통적 좌파는 자본의 전능을 강조하는 것으로써 자본의 지배를 넘어서지 못하는 자신들의 무능을 은폐하고 합리화해왔다. 자신이 약해서가 아니라 상대가 강해서 지고 있다고 푸념을 늘어놓았다. 불행하게도 자본주의를 극력 반대하지만 정작 결론에 가서는 자본의 지배 불가피성을 설파하는 '기회주의 좌파'로 전락해왔다.

좌우 구도는 역사 발전의 흔적일 뿐, 더는 존속할 가치가 없다. 좌우 구도는 먼지를 풀풀 날리며 무너지고 있는 낡은 집이다. 그곳에 계속 머물면 생존을 보장받기 어렵다. 좌우 구도 안에서 우파는 시장 수호자 지위를 잃으며 과거의 유물로 전락하고 있다. 마찬가지로 좌우 구도 안에 머물고 있는 전통적 좌파 역시 세계를 진보적으로 재구성할 안목과 능력 모두를 잃었다. '좌파 = 진보'라는 등식은 더는 성립하지 않는다.

진정한 진보는 좌우 구도 왼쪽이 아니라 구도 너머에 존재한다. 진보의 흐름에 합류하려면 서둘러 좌우 구도 안에서 빠져나와야 한다. 러시아 혁명의 아버지 레닌의 표현대로 좌우 구도 안에 갇혀 있는 전통적 좌파는 역사의 쓰레기를 뒤지는 사람이 되기 쉽다.

07

한국 의료산업의 실천적 검증

이제는 강령적 문서로서보다는 고전의 하나로 간주되고 있는『공산당 선언』은 한때 수많은 사람들의 심장을 뒤흔들어놓았다.『공산당 선언』이 어마어마한 영향력을 행사했던 이유는 뛰어난 논리 구성과 문장력 덕분이기도 했지만 무엇보다 제시된 공산주의 세계혁명 메시지가 실천적 검증을 거친 것으로 보였기 때문이었다.『공산당 선언』발표 직후 다수의 국가들을 포괄한 1848년 혁명이 터졌던 것이다. 덕분에 지지자들은 세계혁명이 실현 가능한 미래라고 믿을 수 있었다.

인간 사회에서의 비전 정립은 신약 개발과 유사한 점이 있다. 지난한 검증 과정을 거친 뒤에야 비로소 수용되는 것이다. 사람 중심 경제 또한 예외일 수 없다. 초보적 수준에서나마 사람 중심 경제 이론이 선보였을 때 많은 사람들이 방향에 공감을 표시했지만 정작 실천적 수용은 주저하는 모습을 보였다. 여러 가지 이유가 있을 수 있었지만 무엇보다도 실현 가능한 비전임을 확신할 수 있을 만큼 일반화 가능한 지점에서의 실천적 검증을 거치지 않았기 때문이었다.

사람 중심 경제에 대한 실천적 검증은 작가 개인의 의지와 능력을 완전히 넘어서는 문제였다. 수십 년의 세월이 흐른다면 관련 사례가 쌓이면서 다소의 검증 효과가 일어날 수 있을지 모르지만 마냥 기다릴 수도 없는 형편이었다. 결국 기대할 수 있는 것은 가까운 시일 안에 기적이 일어나는 것뿐이었다. 그런데 바로 그 놀라운 기적이 일어났다.

코로나전쟁 와중에서 한국은 성공적인 방역으로 세계의 주목을 받았다. 앞서 이야기했다시피 국민들의 자발적 협력, 뛰어난 의료역량, 앞선 ICT기술, 효과적인 정부의 대처 등이 빚어낸 종합적 결과였다.

기대했던 기적이 일어난 곳은 다름 아닌 의료 분야였다. 코로나전쟁에서 보여준 한국의 뛰어난 의료역량은 의료산업 특성과 깊은 관계가 있다. 결론부터 이야기하면, 한국의 의료산업은 사람 중심 경제라고 할 수 있다. 적어도 그에 가까운 특성을 지니고 있다.

## 좋은 일자리 중심 운영의 불가피성

의료산업은 한눈에 봐도 사람 중심 산업이다. 의료진으로 불리는 사람을 중심으로 돌아가는 산업이다. 거대한 기계장치 중심으로 움직이는 제조업 공장과도 확연히 다르며 물건의 흐름을 중심으로 움직이는 유통업과도 다르다. 갖가지 장비가 사용되지만 어디까지나 의료진의 역할을 돕는 도구일 뿐이다. 의료진은 결코 장비의 부품처럼 움직이지 않는다. 이는 곧 의료산업이 일자리 창출 능력에서 매우 뛰어나다는 것을 뜻하기도 하다.

코로나전쟁을 겪으며 더 극적으로 드러났지만 의료산업 생산성은 의료진의 태도에 크게 좌우된다. 의료진의 자부심과 열정은 높은 생산성을 발휘하기 위한 필수 요소이다. 사회적으로 천대받고 근무 환경도 엉망인 조건에서 자부심과 열정을 기대할 수는 없다. 이런 점에서 의료산업은 좋은 일자리 중심의 운영을 가장 강력히 요구받는 분야 중 하나이다.

한국에서 의사는 선망의 대상이다. 의대 진학은 학생들 사이에서 영순위로 꼽힌다. 반면 다른 직종은 반드시 긍정적으로 평가하기 어렵다. 전체 의료 인력의 67% 정도를 차지하는 간호사를 예로 들어보자.

간호사들은 아직도 살인적 노동에 시달리고 있다. 신규 간호사 절반 정도가 노동 강도를 견디지 못하고 1년 안에 이직하는 것으로 조사되기도 했다. 의료법에 간호사 정원 기준이 정해져 있지만 대형 병원을 제외하고 이를 준수하는 경우는 많지 않다. 2006~2016년 신규 간호사 연평균 증가율은 5.8%로서 OECD 평균인 1.2%보다 상당히 높다. 하지만 인구 1,000명당 간호사 수는 3.6명으로서 OECD 평균인 9명보다 한참 못 미치고 있다.

과거에 비해 의료진 처지가 꾸준히 개선되어왔음은 부인할 수 없다. 여기까지 오는 과정에서 보건의료노조의 공헌은 높이 살 만하다. 의료진들이 높은 자부심과 열정을 갖고 있고 어려운 시기에 강한 희생정신을 발휘해온 것도 사실이다. 하지만 적합한 환경과 충분한 보상 없이 열정과 헌신에만 의존한다면 그 한계는 뚜렷할 수밖에 없다. 아직 갈 길이 멀다.

## 고강도 사회적 투자의 강제

한국의 의료산업은 민간 개인 병원을 주축으로 형성되어 있다. 이들은 시장에서 치열하게 경쟁한다. 도태되는 비율도 높다. 병원들은 살아남기 위해서라도 적극 투자에 나선다.

그런데 중요한 특징이 있다. 한국은 의사와 비영리법인만이 병원을 설립할 수 있도록 되어 있다. 주식회사형 영리법인 설립은 법으로 금지되어 있다. 수익이 생기면 내부에 재투자해야 한다. 투자는 이루어지지만 일반적 형태의 자본 이윤추구는 불가능하도록 되어 있다. 이는 한국 의료산업에서 사회적 투자가 강도 높게 강제되고 있는 것으로 해석해도 별문제가 없을 것이다.

이와 밀접한 연관이 있는 것으로 가격 결정구조를 들 수 있다. 한국의 병원은 의사가 의료 수가를 임의로 결정할 수 없다. 건강보험이 적용되는 진료는 건강보험공단에서 의료 수가를 결정한다. 무분별한 의료비 상승을 통해 폭리를 추구할 수 있는 구조가 아니다. 한국의 민간 병원은 일반적인 의미의 자본주의 시장경제 원리가 작동되는 서구 사회의 그것과 사뭇 다르다.

의료산업에서 사회적 투자 원칙은 반드시 지켜져야 한다. 이는 사회공공재로서 의료서비스의 성격을 유지시키는 필수 장치이다. 다만 건강한 방향에서 투자 촉진을 위해 사회적 투자 형태를 어떻게 탄력적으로 운영할지에 대해서는 앞으로 다양한 관점에서 궁리할 필요가 있다.

## 효율적인 국가와 시장의 협력

한국에서 의료비용은 주로 건강보험을 통해 조달된다. 한국의 건강보험은 모든 국민과 의료기관을 아우르는 강제가입 강제적용을 원칙으로 하고 있다. 모든 국민은 의무적으로 가입해야 하고 모든 의료기관은 의무적으로 적용해야 한다. 2020년 현재 건강보험 평균 보장률은 60% 후반대이며, 암 등 고액 중증질환 보장률은 80%를 넘어서고 있다. 과거 암에 걸리면 고액 진료비로 집안이 거덜났던 상황에서 크게 벗어나 있다.

문재인 케어는 2022년 건강보험 평균보장률을 72%까지 끌어올리는 것을 목표로 삼고 있다. 개인에게 질병 관리 책임 20%를 부과한다고 가정하면 보장률 80% 수준에서 무상의료가 실현된다고 볼 수 있다. 꾸준히 보장률을 끌어올리면 머지않아 무상의료도 실현 가능하다.

보험료는 개인과 사업체, 국가가 분담하고 있다. 여러 측면에서 국가와 시장의 협력을 바탕으로 작동하는 시스템이다. 세계 각국의 의료보험은 대부분 사보험 중심으로 형성되어 있다. 이웃 일본의 경우 직장인은 기업별 의료보험에 가입해 있고 기타는 국민건강보험에 가입해 있다. 병원 수속이 복잡해질 수밖에 없다. 반면 한국은 어느 병원이든 관계없이 주민등록번호만 있으면 간단히 해결된다.

한국의 건강보험은 공보험 시스템으로서 세계적으로도 모범 사례로 꼽힌다. 개인 보험료도 소득 수준에 따라 차등 부과하기 때문에 소득 재분배 기능을 높은 수준에서 수행하고 있다. 덕분에 서민들도 비교적 큰 부담 없이 병원을 찾을 수 있다. 이는 의료 산업 활성화에 매우 큰 장점으로 작용하고 있다. 미국 등 사보험 중심 국가보다 의료 수요를 충분히 유지시켜주고 있기 때문이다. 의사들은 종종 의료 수가를 임의로 정하지 못하는 점에 불만을 토로하기도 하지만 전체적으로는 의료기관 재정 안정화에 큰 도움이 되고 있다.

의료산업에서 국가와 시장이 협력할 영역은 다양하고 다면적이다. 가령 세계 최고 수준을 자랑하는 건강보험공단이 보유한 의료 빅데이터를 사회적으로 활용하기 위해 긴밀히 협력할 수도 있다. 한국 사회는 건강보험공단이 보유한 빅데이터를 활용하는 것을 두고 개인 정보 보호냐 산업적 활용이냐를 따지며 여전히 갈등이 일고 있다. 이 역시 국가와 시장이 협력해 사회 공동 이익 증진을 위해 활용하는 방향에서 해결되어야 한다. 이미 흐름을 타고 있지만 백신 등 긴급을 요구하는 신약과 의료장비 개발을 위해 협력할 수 있다. 2020년 6월, 방역당국이 코로나19 진단시약 개발을 지원하기 위해 관련 업계에 환자의 양성 검체 1,700건을 분양한 것이 이러한 협업의 일환이라 할 만하다. 의료 인력 양성을 위한 프로그램 개발과 실행에서도 협력할 여지는 매우 많다.

## 한국 의료산업의 발전 방향

우스갯소리일 수도 있지만 식자층 사이에서 한국의 의료는 사회주의라는 표현이 자주 입에 오르내린다. 한국 의료산업이 매우 독특한 성격을 지니고 있음을 반영한 이야기이다. 한국의 의료산업이 일반적인 자본주의 시장경제와는 사뭇 다른 원리를 바탕으로 작동하고 있음은 매우 분명하다. 민간 참여가 보장되고 투자가 적극 이루어지지만 자본의 이윤 창출은 금지되어 있다. 가격도 마음대로 정하지 못한다. 건강보험 가입과 적용 여부도 임의로 선택할 수 없다. 그렇다고 해서 사회주의 시스템에 해당한다고 보는 것은 적절치 않다. 사회주의 사회의 의료체계는 철저하게 국가가 운영하는 공공의료가 중심이기 때문이다.

한국 의료산업이 문제가 없다는 게 아니다. 도리어 극심한 지역 간 불균형과 대형 병원으로의 과잉집중, 고질적인 과잉진료 등을 해소해야 하고, 지역주치의 도입, 원격의료 진료의 공정한 해결, 의료기관 내 전근대적 조직문화 극복 등 숱한 과제를 안고 있다.

여기서 잠시 계속해서 논란이 되고 있는 원격의료에 대해 짚고 넘어가보자. 원격의료는 기술 중심으로 접근하면 4차 산업혁명 시대에 적극 발전시켜야 할 필수 요소로 이해할 수 있다. 기술 발전에서 뒤처지면 경쟁력을 잃는 것이 일반적 추세이기 때문이다. 하지만 현재 한국은 대형 병원으로의 집중 등을 우려하는 의료계 반발로 충분한 합의에 이르지 못하고 있다.

기술은 어떤 시스템에서 작동하는가에 따라 그 효과가 확연히 달라진다. 원격의료가 지금의 시스템에서 작동하면 의료계가 우려하는 대로 대형 병원의 의료 독점을 심화시키는 요소가 될 수도 있다. 하지만 의료계 일각에서 줄기차기 제기하고 있는 지역주치의 제도 도입과 결부해 접근하면 이야기는 완전 달라질 수도 있다. 지역주치의 제도는 예방의학 중심의 선진 의료체계로 나아가기 위한 필수 과제일 수 있으나 기존 대면 의료만으로 운영이 어려울 수 있다. 원격의료에 기반을 둔 지역주치의 제도 운영을 적극 검토할 필요가 있는 것이다.

어떤 형태든 원격의료 논쟁은 한국 의료 시스템의 혁신적 발전과 맞물려 해결되어야 한다. 기존 시스템을 고수하면서 기술 도입만을 고집하는 일각의 태도도 문제지만 기존 시스템 안에 갇혀 기술 발전을 거부하는 것 역시 또 다른 기득권 논리가 되기 쉽다.

많은 과제를 안고 있음에도 위 세 가지 특성이 한국 의료산업의 강점으로 작용하고 있음은 매우 분명해졌다. 이는 코로나전쟁을 거치며 철저하게 자본 중심 경제를 바탕으로 움직였던 미국 의료산업과의 극적 대비 효과를 통해 더욱 뚜렷해졌다. 우리는 이 같은 대비를 통해 그간 한국에서 의료 영리법인을 둘러싼 논쟁을 종식시킬 결정적 지점을 확보할 수 있다. 결론적으로 자본 중심 경제 논리를 바탕으로 의료 영립법인 허용 – 투자 활성화 – 의료산업 발전 – 일자리 창출로 이어질 것이라는 보수적 시각은 허구일 뿐이다.

그런데 한국 의료산업 발전 방향과 관련해 보수적 시각과는 정반대의 편향이 있을 수 있다. 전통적 좌파는 국가 대 시장 프레임을 고수하면서 이를 의료산업에도 적용했다. 공공의료 대 민간의료로 분리하고 공공의료에 절대적 가치를 부여했던 것이다. 의료를 어디까지나 국가가 제공하는 복지의 일부로 간주한 것이다. 이는 다분히 서구 사회의 의료 현실을 반영한 것이기도 하다. 서구 사회의 의료 비용 조달 체계는 정부 재정 중심과 사보험 중심으로 뚜렷이 양분되어 있다. 의료 시스템도 공공병원 중심과 시장경제 원리가 액면 그대로 작동하는 민간병원 중심으로 양분되어 있다. 한국 의료산업은 서구 사회와 확연히 구분되는 독특한 특성을 지니고 있다. 민간병원이 다수를 차지하고 있지만 사회적 통제 아래 있다. 그러면서도 민간 특유의 역동성을 바탕으로 기술혁신을 강력히 추진하고 있다. 한국의 민간병원은 다분히 '벤처'의 속성을 지니고 있다.

반면 공공의료기관 확충은 여전히 남은 절실한 과제이다. 코로나전쟁을 맞이해 의료원 등 공공의료기관이 중요한 역할을 수행하면서 가치가 더욱 높아졌다. 공공의료기관들은 대규모 감염 사태에 대비해 1년에 네 차례씩 모의 훈련을 실시했다. 그 덕분에 의료진 감염을 최소화하면서 위기에 대처할 수 있었다. 드라이브스루 등 혁신적 진료 개발도 공공의료기관이 주도했다. 감염 사태의 비정기성과 돌발성을 감안하면 공공의료기관의 역할은 더욱 중요해진다.

그렇다고 민간 중심 의료 시스템을 공공 중심 시스템으로 전환해야 한다는 극단적 주장은 바람직하지 않다. 현실성도 없을뿐더러 꼭 바람직한 것도 아니다. 지나친 공공의료 의존은 위험한 결과를 초래할 수 있다. 코로나전쟁은 또 다른 지점에서 이를 확인해주었다.

미국 의료산업의 또 다른 대척점에 있는 나라로 영국을 꼽을 수 있다. 미국 의료산업이 철저한 시장 중심이라면 영국은 국가 중심이다. 국가 기구의 일부인 공공의료기관 위주로 무상의료가 실시되며, 의사들은 국가로부터 월급을 받는 공무원이다.

문제는 의료 시스템을 움직이는 재원을 정부 재정에 의존하기 때문에 의료 공급이 절대적으로 부족하다는 데 있었다. 큰 수술을 받으려면 몇 달을 기다려야 하는 게 다반사이다. 동기 부여 부족으로 기술 혁신이 지체된 결과로 의료 질도 높은 편이 아니다. 필수적인 장비를 갖추는 데 중점을 두다 보니 연관 산업 발전도 부진을 면치 못했다. 이는 곧바로 의료 장비 공급 능력을 취약하게 만드는 악순환을 낳았다.

문제가 무엇인지는 코로나전쟁을 거치며 극명하게 드러났다. 코로나전쟁 시기 영국 의료체계는 폭발적으로 증가하는 감염자를 감당하기에는 너무나 무력했다. 끝내 브라질과 함께 미국 다음으로 많은 사망자 수가 발생하기에 이르렀다. 그 와중에 의료진들마저 장비 공급이 부족한 탓에 방호복과 마스크도 없이 사투를 벌이다 30% 이상이 감염되는 참사를 겪어야 했다.

바람직한 의료산업 발전 방향은 분명해 보인다. 공공과 민간 부문이 서로의 장점을 살리고 단점을 보완해주는 가운데 의료 공공성을 유지하는 방향에서 조화와 협력을 구현하는 데 있다.

의료산업 발전 방향을 둘러싼 일련의 검증은 국가 대 시장 프레임이 더는 유효하지 않음을 확인해준다. 자본 중심인가 사람 중심인가라는 새로운 프레임으로의 전환이 불가피함을 역설하고 있다. 국가와 시장의 관계가 여전히 중요할 수 있으나 이마저도 둘 사이의 관계가 대립인가 협력인가라는 프레임으로 새롭게 재정립할 것을 강력히 요구하고 있다.

새로운 시대를 이끌 해답은 이제 더는 낡은 프레임 한편에 존재하지 않는다. 시대는 프레임 교체를 전제로 해답을 찾는 프레임 혁명을 요구한다.

## 사람 중심 경제의 기관차

코로나전쟁을 통해 드러난 한국 의료산업의 우월성은 사람 중심 경제로의 전환과 관련해 매우 큰 의미를 갖고 있다.

지나온 역사를 되돌아보면 선도적 역할을 하는 핵심 산업을 중심으로 새로운 사회경제 시스템이 구축되어왔다. 1차 산업혁명을 선도한 핵심 산업은 방적 방직산업이었다. 이들 산업에서 노동자는 가장 값싸게 구입할 수 있는 생산요소 중 하나였다. 노동자는 인간으로 취급하지 않았다. 정치적 권리에서 완벽하게 소외되어 있었고 극단적 빈곤으로 생존조차 버거울 정도였다. '배타적 자본 중심 경제'가 작동했던 시기라고 할 수 있다. 노동자들 사이에서 자본주의에 대한 극단적 혐오가 팽배하면서 마르크스주의가 확산될 비옥한 토양이 마련되었다.

2차 산업혁명 시기 핵심 산업으로 떠오른 분야는 자동차산업이었다. 미국 포드사를 중심으로 한 자동차산업에서는 프레드릭 테일러의 과학적 작업 방식을 컨베이어 라인으로 일괄 연결한 포드 시스템이 구축되었다. 폭발적인 생산성 상승을 바탕으로 대량생산 체제가 본격 작동하기 시작했고, 결과는 임금의 급격한 인상으로 이어졌다. '포용적 자본 중심 경제'가 확립된 것이다. 노동자로서는 자본주의가 그 나름대로 살 만한 체제로 느껴지기 시작했다. 자본주의가 사회주의 진영의 위협을 받으면서도 체제 안정을 구가할 수 있었던 이유였다.

1980년대를 거치면서 미국과 유럽을 중심으로 신자유주의로의 전환이 이루어짐에 따라 금융산업이 핵심으로 부상했다. 돈 놓고 돈 먹는 머니 게임이 성행하면서 일반 기업에서도 (고상하게 주주가치 실현이라고 표현되었지만) 주주 이익 극대화를 중심으로 움직이는 주주자본주의가 작동했다. 승자가 모든 것을 차지하는 '승자독식 자본 중심 경제'가 단단히 자리를 잡았다. 사회적 양극화가 심해지면서 비판적 문제의식이 새로이 퍼졌다.

코로나전쟁을 계기로 또 한 번의 거대한 국면 전환이 예고되고 있다. 다시 이야기하지만 건강산업이 향후 전체 경제를 선도할 핵심 산업으로 떠오를 것이 매우 분명하다. 그중에서도 직접 치료를 맡는 의료산업이 중핵 역할을 할 것으로 보인다. 의료산업에서 축적된 경험과 노하우, 빅데이터가 건강산업 전반의 발전을 이끄는 연료 구실을 할 것이기 때문이다. 더불어 의료산업은 공급자와 수요자 사이에서 건강 관련 제품과 서비스를 효과적으로 유통시키는 건강산업 플랫폼 구실을 할 것이다.

여러모로 의료산업에서 형성된 규범, 시스템, 문화가 산업 전반에 파급될 가능성이 매우 크다. 물론 의료산업이 지닌 특성이 매우 강하기 때문에 액면 그대로 다른 산업에 적용되기는 어려운 것이 사실이다. 그렇다고 의료산업 특성이 의료산업에만 국한된 것으로 봐서도 곤란하다.

한국의 의료산업이 다른 산업과 비교되는 강한 특성을 지니게 된 근거는 인간의 생명을 다루는 '사회적 가치' 때문이었다. 앞으로 사회적 가치는 더 많은 산업에서 건강, 환경, 공동체 등을 포괄하며 그 중요성이 날로 커질 것이다. 양상이나 수준에서는 차이를 보이겠지만 사회적 가치 실현을 뒷받침하는 시스템과 문화 구축의 요구가 상당히 커질 수 있다. 한국 의료산업이 선구적으로 입증했듯이 그럴 때 산업 발전도 원활해질 수 있다.

이런 점을 감안해 의료산업의 적극적 발전을 통해 사람 중심 경제로의 전환을 이끄는 주도면밀한 전략을 구사할 필요가 있다. 의료산업이 사람 중심 경제를 이끄는 기관차 구실을 해야 한다.

문제는 수요가 한정된 국내시장에 머물 때 의료산업 발전을 얼마나 더 기대할 수 있는가에 있다. 분명 한계가 있을 수밖에 없다. 한국 의료산업의 질적 양적 발전에서 의미심장한 도약이 이루어지려면 글로벌 무대로 활동 폭을 넓힐 수밖에 없다. 여기에는 그럴 만한 또 다른 이유가 있다.

08

3대 메카 전략과
소프트파워 강국

사람 중심 경제는 특정한 나라에 국한되지 않고 보편적으로 적용 가능한 원리를 기초로 삼고 있다. 사람 중심 경제로의 전환을 불가피하게 만드는 자본 중심 경제의 종언도 세계사적인 현상이다. 사람 중심 경제로의 전환은 세계사적 차원에서 새로운 국면을 여는 과정이 되어야 한다. 한국은 세계사적 국면 전환에서 의미 있는 기여를 해야 한다. 그럴 때만이 자신의 문제까지 효과적으로 해결할 수 있다. 오랫동안 괴롭혀왔던 한국 경제 3대 기저질환도 치유할 수 있다.

코로나전쟁을 거치면서 한국인은 정신적 심리적 구조에서 매우 의미심장한 변화를 경험했다. 여기에는 국제사회를 보는 시각 변화도 포함되어 있다. 한국인은 시대의 변화를 뒤쫓는 변방의 수동적 존재에서 빠르게 벗어나기 시작했다. 한국인은 변화를 선도하고 싶은 욕망을 품기에 이르렀다. 한국인의 욕망이 기존 강대국들의 아집과 독선, 야만과 폭력을 답습하지 않고 건강하게 실현되려면 많은 고민이 뒤따라야 한다. 한국은 기존 강대국들과는 전혀 다른 길을 가야 한다. 그렇다면 한국은 세계사적 국면 전환에서 어떤 전략을 구사해야 할까? 해답을 찾자면 먼저 급격한 대외 환경 변화를 주목해야 한다.

## 급격한 대외 환경 변화

사람들은 세계무역기구(WTO)가 출범한 1995년을 경제적 의미의 국경선을 지워버린 세계화의 원년으로 기억한다. 세계무역기구의 출범은 당시 상황에서 피하기 힘든 선택이었다. 무엇보다 생산력이 개별 국가 차원에서는 소화하기 어려울 정도로 발전하고 있었다. 가령 글로벌 기업으로 성장한 삼성전자의 경우 제품의 8% 정도만이 국내시장에서 판매되고 있다. 삼성전자는 기술력을 뒷받침하기 위해 국내외에서 10여만 명에 이르는 연구개발 인력을 운영하고 있다. 만약 삼성전자가 국내시장에만 머물러 있었다면 지금 수준의 기술력을 확보할 수 있었을까? 어느 모로 보나 국제 무역 활성화 없이는 각국 경제가 발전할 수 없는 상황이었다. 그런데 만성적인 무역적자에 시달리던 미국이 보호무역을 강화하고, 곳곳에서 폐쇄적인 블록경제가 강화될 조짐이 보이면서 자칫 세계시장이 무너질 수도 있는 위기 상황이 조성되었다. 결국 국제사회는 각국이 공평하게 시장을 개방하는 방향에서 탈출구를 찾았고 그 결과가 세계무역기구 출발이었다. 한국은 적어도 무역 확대를 기준으로 본다면 1995년 WTO 출범 이후 지속된 자유무역체제의 최대 수혜 국가 중 하나이다. 한국은 자유무역의 흐름을 타고 세계 6~7위 수출대국으로 등극할 수 있었다.

비판적 시각에서 접근하면 이야기가 달라질 수도 있다. 세계화는 과거 케인스주의를 기반으로 안정적으로 운영되던 국민경제의 추억을 물거품으로 만들었다. 부작용도 만만치 않았다. 기업들이 더 유리한 조건을 찾아 자유롭게 이동하면서 노동 조건이 악화되었고 정부는 세금 인하 압박을 받았다. 이런 비판적 지적은 충분히 근거가 있는 것들이었다.

그런데 트럼프 행정부가 미국 제일주의를 내세우면서 양상이 달라지기 시작했다. 미중 무역 분쟁이 격해지고 보호무역주의 정책이 강화되면서 자유무역질서에 빨간 불이 커졌다. 급기야 코로나전쟁을 거치며 자유무역질서가 통째로 흔들리는 상황에 직면했다. 코로나전쟁을 거치면서 각국은 외국인 출입을 통제하거나 아예 금지하는 조치를 취하기도 했다. 국경 이동이 급격히 축소되었다. 각 나라의 경제 활동이 크게 위축되면서 무역 규모도 대폭 줄었다. 일시적 현상일 수도 있으나 그 여파는 상당히 오래갈 것으로 예상되고 있다. 세계 경제가 덜 개방적인 방향으로 흐를 가능성이 큰 상황이다.

누가 봐도 자유무역질서 붕괴가 인류의 생존을 위협할 만큼 심각한 문제를 야기할 수 있음이 분명해졌다. 세계화에 비판적 태도를 취했던 사람들에게조차 기존 자유무역질서는 지켜야 할 그 무엇으로 비쳐지기 시작했다. 문제는 그러한 시각 변화가 자칫 자유무역체제에 대해 무비판적인 견해로 흐를 수도 있다는 데 있다. 세계화에 대한 관념적 반대는 현실성도 없을뿐더러 문제 해결에도 아무런 도움이 안 된다. 반대로 그간의 자유무역체제를 무비판적으로 옹호하는 것 또한 심각한 문제를 낳을 수 있다. 자유무역질서를 유지하되 그간의 부작용을 최소화하면서 한계를 뛰어넘기 위한 새로운 모색이 필요하다.

새로운 모색을 불가피하게 하는 분명한 요소가 있다. 바로 날로 격화하고 있는 미중 패권 경쟁이다. 지난 수십 년 동안 지속된 미중 밀월은 한국이 별 어려움 없이 두 나라에서 동시에 실리를 취할 수 있도록 만들었다. 하지만 세계 패권을 둘러싼 미중 갈등 격화로 양상이 완전히 달라지고 있다. 미중 간의 패권 다툼은 총성 없는 전쟁으로 치닫고 있다. 기술 패권 경쟁은 이미 막을 올린 상태이며 무역 분쟁 등으로 그 영역이 급속히 넓어지고 있다. 코로나전쟁을 거치며 두 나라의 대립은 감정싸움으로까지 번지면서 수위를 더욱 높여갔다.

사드 사태에서 적나라하게 드러났듯이 두 나라는 한국을 거침없이 압박하면서 궁지에 몰아넣고 있다. 미국은 한국을 반중 봉쇄망에 끌어들이기 위해 압박했고, 중국은 한국을 거칠게 몰아붙였다. 한국은 자칫하면 고래 싸움에 새우 등 터지는 격으로 생존을 위협받을 수 있는 상황이다.

전문가들은 대부분 미중 패권 경쟁이 장기간 이어질 것이며 갈수록 강도가 높아질 것으로 예상하고 있다. 한국은 경제적 이해 측면에서만 보더라도 미국과 중국 중 어느 한쪽을 선택할 수 없는 처지이다. 그렇다고 현재와 같이 눈치를 살피며 줄타기를 계속 이어가기도 어려운 상황이다. 안정적인 생존을 보장받기 위해서는 발상의 전환이 불가피하다.

혹자는 이 기회에 대외 의존적 경제에서 탈피해 내수 중심 경제로 전환해야 한다고 이야기할지 모른다. 물론, 내수 시장은 활성화되어야 하고 생명, 안보 등과 직결된 산업 시설은 최대한 국내에 두기 위해 노력해야 한다. 그렇다고 기업들이 좁은 국내시장에 몰려 혈투를 벌이다가는 공멸에 이를 뿐이다. 우리는 죽으나 사나 글로벌 시장을 무대로 활로를 모색할 수밖에 없다.

코로나전쟁은 자유무역질서를 위협하기도 했지만 그 반대 측면을 함께 드러냈다. 코로나전쟁은 개별 국가의 노력만으로는 방역에 한계가 있음을 확인하게 해주었다. 글로벌 협력이 더욱 절실해진 것이다. 한국은 이 지점에서 의미 있는 위상을 확보했다.

한국의 방역 시스템은 세계가 인정한 표준 모델이 되었고, 많은 나라가 한국의 지원과 협력을 요청하기에 이르렀다. 한국이 해당 분야 글로벌 협력 네트워크 형성을 주도할 가능성을 내비친 것이다. 이는 한국이 새로운 생존 전략을 짜는 데 결정적 단서가 될 수 있다. 결코 놓쳐서는 안 되는 지점이다.

급격한 대외 환경 변화에 맞는 전혀 새로운 생존 전략이 절실히 요구되고 있다. 자유무역질서를 옹호하되 갖가지 부작용을 낳은 무한경쟁을 지양하고 협력을 키워드로 하는 새로운 글로벌 네트워크를 추구할 필요가 있다. 이를 바탕으로 미국과 중국의 압력을 넘어설 수 있는 독자적 생존 공간을 확보해야 한다. 가능한 해답의 하나로 한국이 지닌 잠재력을 극대화하면서 인류의 상생 번영에도 기여할 수 있는 '3대 메카 전략'을 제시하고자 한다.

## 3대 메카 전략과 제조업 르네상스

3대 메카 전략은 건강·뷰티·문화산업을 앞세워 글로벌 네트워크를 형성하고 한국이 메카, 즉 허브 국가로서의 역할을 하자는 전략이다. 건강·문화산업에서 한국이 뛰어난 잠재력을 지니고 있음은 충분히 입증되었다. 패션, 화장품, 성형 등 뷰티산업 분야도 세계의 주목을 받고 있다.

한국 의료분야에서 축적된 시술 능력은 상당한 수준에 이르렀다. 간 이식과 같은 고도의 섬세함을 요구하는 수술 분야는 세계 최고 수준이다. 위암 수술 후 생존율은 미국의 두 배 정도이다. 미국 최고 명문인 하버드 의과대학 교수가 위암에 걸린 모친을 한국에서 수술받도록 하기도 했다. 중앙아시아의 한 정상급 인사는 전용기를 보내 한국 의사를 모셔 가기도 했다.

이러한 이유로 외국인 환자가 수직 상승해왔다. 의료분야에서도 한류 바람이 불고 있는 것이다. 2009년 6만 명 수준이었던 외국인 환자 수는 2016년 36만 명 이상으로 크게 늘었다. 아랍에미리트(UAE)는 당국과 협정을 맺어 국비 환자의 40% 정도를 한국으로 보내고 있다. 외국인 환자의 경우 가족이나 일행이 함께 오기 마련이고 장기간 머물며 많은 돈을 쓴다. 체류형 관광 활성화를 통해 서비스산업을 발전시킬 여지가 매우 풍부하다.

과거 패션, 화장품, 성형 등은 전혀 다른 산업에 속해 있었지만 오늘에 이르러 뷰티라는 인간의 욕망을 중심으로 하나의 산업 생태계를 형성해가고 있다. 한국은 세계 패션계의 리더 국가로 빠르게 부상하고 있다. 서울은 세계 패션계에서 가장 주목하는 도시 중 하나가 되었다. 한국은 화장품 강국이기도 하다. 한국을 방문한 외국인들은 다양한 기능성 화장품을 발견하고는 놀라움을 금치 못한다. 한국이 성형 강국으로 명성을 얻기 시작한 것 또한 이미 오래전 일이다.

오늘날 한류라는 용어는 매우 다양한 분야에서 사용되고 있지만 그 출발은 가요, 영화, 드라마 등 대중문화였다. 아이돌 그룹 방탄소년단(BTS)과 영화 〈기생충〉의 봉준호 감독은 세계 대중문화계에서 최고점을 찍은 존재들이다. 이들이 각별한 의미를 갖는 것은 이들이 예외적이고 특별한 존재여서가 아니라 한국 대중문화의 성장을 반영하고 있다는 점이다.

현재 한국 대중문화는 글로벌 시장에서 미국 대중문화에 크게 밀리지 않는 유일한 흐름이라 해도 과언이 아니다. 한국의 대중문화가 미국의 문화 식민지 상태에 머물러 있던 시절을 감안하면 경이롭기까지 하다.

건강·뷰티·문화산업은 창조력을 가치 창출의 원천으로 삼는 대표적인 분야다. 창조력 발산을 극대화할 수 있는 사람 중심 경제로의 전환이 그만큼 절실한 분야들이라고 할 만하다. 이들 분야의 국제 교역 또한 사람 중심 경제 원리의 외연적 확장을 통해 이루어질 수 있다. 국경을 넘어 사람과 사람이 직접 연결되고 오가는 글로벌 협력 네트워크 기반의 '사람 중심 교역'을 추구할 수 있다. 전 세계에서 가장 넓게 퍼져 있는(175개국에 분포되어 있는 것으로 추정되며 130개국인 화교, 100개국인 유대인보다도 많은) 해외 교민 사회는 훌륭한 밑천이다. 불확실성이 커지고 있는 세계무역 환경을 헤쳐나갈 가장 적극적 방식이다.

3대 메카 전략이 성공하려면 반드시 네트워크 참여국들이 상호 이익을 증대시킬 수 있어야 한다. 이와 관련해서 아시아를 대표하는 영화제로 성장한 부산국제영화제(Busan International Film Festival)는 일정한 시사점을 던져준다. 부산국제영화제는 아시아 각국에서 제작된 영화를 국제무대에 소개하는 출구 역할을 해왔다. 무엇보다도 특별한 나라의 검열 제도와 정치 상황 때문에 제약을 받고 있던 영화들에게 숨통을 틔워주는 역할을 해온 점은 각별한 의미가 있었다.

상상력을 충분히 발휘하면 상호 이익을 추구하는 방향에서 3대 메카 전략을 펼칠 여지는 매우 많다. 의료산업을 예로 들어보자. 의료산업 생산성은 의료진의 역량에 좌우된다. 의료산업 발전의 핵심은 의료진 역량 강화이다. 한국은 의료진을 대대적으로 양성해 세계 각국에 파견할 수 있다. 파견된 의료진은 해당 국가의 의료역량을 강화하는 데 결정적으로 기여할 것이다. 이를 뒷받침하기 위해 일정 기간 해외 근무를 조건으로 100% 국비 지원되는 의대를 운영할 수 있다. 거꾸로 해외 유학생을 대규모로 유치해 의료진으로 양성하는 프로그램을 가동할 수 있다. 이를 매개로 한국이 세계 의료산업 발전의 메카 구실을 할 수 있다.

산업사회를 관통했던 대표적인 욕망은 '편리성 증대'였다. 이동수단으로서 자동차, 가전제품, 통신수단 등이 편리성 증대를 위한 수단으로 각광을 받았다. 편리성 증대는 오늘날에도 여전히 절대적 기준으로 작용하고 있고 스마트폰 등을 통해 놀라운 비약을 거듭했다. 하지만 편리성 증대에 비례해서 행복도 함께 증대했는가? 이 지점에서 사람들은 심각한 의문을 품기 시작했다. 가령 한 조사 결과에 따르면 한국인 중 절반 가까이가 승용차 보유를 짐스럽게 느끼기 시작했다. 그 대신 '건강하고 아름답고 품격 있는 삶'에 대한 욕망이 새롭게 자리를 잡고 있다. 소비 지출 구조 또한 그에 상응하는 방향으로 바뀌고 있다. 3대 메카 전략은 '건강하고 아름답고 품격 있는 삶'을 갈구하는 탈산업 사회를 맞이하여 변화된 인간의 보편적 욕망을 반영한 것이다. 그만큼 풍부한 발전 가능성을 품고 있다.

3대 메카 전략은 관련 산업의 비약적 발전을 촉진하면서 국민경제를 신산업 중심으로 재편할 것이다. 청년들이 잠재력을 폭발적으로 발산할 좋은 일자리 창출의 여지가 그만큼 확대되는 것이다. 더불어 관광산업 활성화를 매개로 노년용 일자리를 창출할 서비스산업도 함께 발전할 수 있다. 이게 전부가 아니다. 3대 메카 전략은 제조업의 부흥도 자극할 수 있다.

한국은 제조업 강국이다. 한국의 제조업 비중은 미국과 영국의 2~3배이며 또 다른 제조업 강국인 독일과 일본보다도 높다. 제조업은 한국 경제의 버팀목이다. 어떤 경우에도 포기해서는 안 된다. 문제는 기존 방식으로는 기술·품질·가격 모두에서 중국과의 경쟁을 넘어서기 어렵다는 데 있다.

기능 중심 제품 생산에 치중해왔던 종전의 시각에서 벗어나야 한다. 3대 메카 전략을 통해 축적된 노하우를 제조업에 융합시켜야 한다. 자동차를 예로 들면 건강에 좋고 아름다우며 문화적 품격이 있는 세상에 하나밖에 없는 고급 승용차를 만들 수 있어야 한다. 2차 산업혁명 시기 핵심 산업으로 기능했던 자동차산업은 모든 점에서 혁명적 재구성을 거칠 것이다. 자동차가 금속 기계 제품에서 IT 제품으로 변신한 지는 이미 오래이다. 자율주행차는 그 완성이다. 더불어 각종 센서를 부착해 자동차를 '움직이는 건강검진센터'로 만들기 위한 시도가 경쟁적으로 추진되고 있다. 건강 제일주의 흐름이 자동차에까지 적용되고 있는 것이다.

자동차산업 생태계 또한 상당히 달라질 것이다. 지금까지 자동차산업 생태계는 완성차업체를 정점으로 부품업체들이 수직적 위계질서를 형성한 모습이었다. 미래에는 세상에 하나밖에 없는 자동차를 만드는 소규모 제조업체들이 수평적 협력 관계를 형성하면서 완성차업체는 컨설팅과 생산, 유통 등 다양한 지점을 연결해주는 플랫폼 기업으로 변신할 가능성이 크다. 기업이 폐쇄적 위계구조에서 벗어나 개방형 네트워크로 바뀌는 것이다. 제대로 상상력을 발휘한다면 한국은 중국의 부상을 새로운 시장 기회로 삼으며 제조업 르네상스 시대를 열 수 있다. 더불어 창조적 작업 확대를 바탕으로 왕성한 일자리 창출 능력을 과시할 수 있다. 대전환기 미래는 과거의 틀을 깨고 새롭게 태어난다.

이 모든 결과로서 한국은 3대 메카 전략을 바탕으로 글로벌 무대에서 독자적인 생존 공간을 확보할 수 있다. 3대 메카 전략이 미중 패권 경쟁 등으로 날로 험악해지고 있는 국제 환경을 헤쳐 나갈 원동력이 될 수 있는 것이다. 3대 메카 전략의 효과는 무궁무진하다.

## 소프트파워 강국으로 가는 길

국제사회는 힘의 논리가 작동하는 냉혹한 무대이다. 미중 패권 경쟁 시대 절대적인 힘의 열세를 극복하지 않는 한 생존을 보장받기 어렵다. 어설픈 줄타기나 어부지리의 요행에 의지해서는 살아남기 쉽지 않다. 이 지점에서만큼은 단 한 치의 순진함도 허용해서는 안 된다.

과연 우리가 초강대국 미국 및 중국과 맞설 수 있는 충분한 힘을 가질 수 있을까? 오랫동안 우리를 지배해온 통념으로는 '절대 불가'다. 하지만 인류 역사는 큰 나라가 강하고 작은 나라는 약하다는 등식이 언제나 옳은 것은 아님을 입증해준다. 몇 가지 예를 들어보자.

페르시아는 고대 중동 지역을 지배한 강력한 대제국이었다. 하지만 아테네 등 그리스의 작은 도시국가들에게 연거푸 패전의 고배를 마셔야 했다. 절대 규모에서는 비교가 되지 않았음에도 자신의 가치를 지키기 위해 싸웠던 그리스 도시국가 군대가 오로지 제국의 명령을 기계적으로 따르던 페르시아 군대를 격퇴한 것이다. 결국 페르시아 제국은 알렉산드로스가 이끄는 그리스연합군에게 제국 전체가 점령당해 사라지는 비운을 겪고 말았다.

칭기즈칸이 이끈 몽골은 사상 초유의 세계 제국을 건설하는 데 성공했다. 당시 몽골 군대 수는 10만 명에서 20만 명 사이인 것으로 알려졌다. 도대체 이 적은 규모로 어떻게 세계를 정복했을까? 몽골 군대는 점령 과정에서의 잔인함으로 악명이 높았지만 상당한 관용과 포용력을 발휘하기도 했다. 몽골은 점령 지역에서 종교의 자유와 상업 거래 등을 최대한 용인했다. 이를 바탕으로 고도의 수평적 협력 네트워크를 세움으로써 자신들의 지배력을 극대화할 수 있었다.

단순 면적을 기준으로 보면 인류 역사상 최대 판도를 자랑한 나라는 대영제국이다. 인도, 캐나다, 호주만으로도 엄청난 면적을 자랑한다. 제국을 일군 영국은 인구수로 보면 남북한을 합친 것보다 작은 나라이다. 이 작은 나라가 어떻게 그렇게 큰 제국을 일구었을까?

대영제국을 일군 주역은 다름 아닌 장사꾼(?)들이었다. 장사꾼들은 회사를 만든 뒤 앞다투어 세계 각지로 진출해 식민지를 건설했다. 인도로 진출한 곳은 동인도 회사였다. 대영제국 건설의 원동력은 개인들의 자유로운 욕망 추구였다. 식민 지배는 어떤 경우도 정당화될 수 없지만 대영제국은 작은 나라가 강국이 될 수 있는 비결이 무엇인지를 잘 알려준다.

세계 역사를 돌아보면 로마제국을 포함해 고대 제국은 대부분 사라지고 없다. 이 와중에서 유일하게 고대 제국의 명맥을 잇고 있는 나라는 중국이다. 중국의 영문 표기인 '차이나(China)'는 최초 통일 제국 '진'으로부터 비롯했다. 2,000년 전 진시황이 세운 진나라와 현재의 중국이 연결되어 있다. 그런데 세계 유일의 영속 제국인 중국에는 중요한 비밀이 있다.

중국은 하나의 나라이기 이전에 수많은 민족과 집단이 각축전을 벌인 거대한 무대였다. 그 각축전에서 최후 승자가 된 세력은 대체로 기존 권력 심장부에 있던 주류가 아니라 주변부에 있던 소수 세력이었다. 한족이 주도한 한나라와 명나라의 창시자 유방과 주원장은 낮은 신분 출신이다. 수, 당, 원, 청 왕조는 소수 북방 민족 혹은 그 내력을 지닌 세력 주도로 세운 왕조이다. 중국의 마지막 왕조로서 최대 판도를 확보한 청나라는 만주족 왕조이다. 여진족으로 불린 만주족은 과거 고구려에 속해 있던 말갈족의 후예들이다.

한국은 유럽을 기준으로 하면 결코 작은 나라가 아니다. 남북한을 합치면 인구수에서 유럽의 강국인 독일에 필적한다. 자신의 잠재력을 제대로 발휘하면 결코 그 어디에도 뒤지지 않는 강국으로서 면모를 갖출 수 있다. 물론 한국이 군사력이나 경제력 등 하드파워에서 미국과 중국에 대적하기는 거의 불가능한 일이다. 반면 소프트파워에서는 충분히 승산이 있다.

미국은 한때 자유, 인권, 민주주의 가치를 전파하고 수호하는 위상을 확보함으로써 하드파워와 소프트파워 모두에서 절대 강자로 군림할 수 있었다. 하지만 오늘날 미국은 규범의 창조자가 아니라 파괴자로 돌변함으로써 소프트파워 강국의 지위를 포기하고 있다.

중국은 개혁개방의 성공을 딛고 G2 반열에 올랐으나 소프트파워 측면에서는 극도의 취약성을 보이고 있다. 세계인이 중국을 통해 보편적 가치를 찾을 만한 여지는 별로 없어 보인다. 새로운 미래 비전이나 삶의 자양분이 될 수 있는 사상문화 모두에서 중국은 인류의 기대에 부응하지 못한 채, 덩치 크고 힘 센 강국이라는 이미지에서 크게 벗어나지 못하고 있다.

미국과 중국은 코로나전쟁을 거치면서 국가 위상에 맞는 리더십을 전혀 발휘하지 못했다. 중국은 코로나19 진원지로서, 미국은 감염자와 사망자 압도적 1위국이라는 오명만을 뒤집어썼다. 한 걸음 더 나아가 두 나라는 저급한 다툼을 벌이며 국제 협력을 어렵게까지 했다. 유엔안전보장이사회가 6주간 노력 끝에 코로나19 공동대응을 위해 모든 분쟁을 중단하자는 결의안을 채택하고자 시도했으나 미국과 중국의 다툼으로 무산되고 말았다.

이러한 이유로 일각에서는 미국과 중국을 지칭했던 G2는 사라지고 리더 국가 없는 G0 시대가 열렸다고 평가하기도 했다. 더불어 미국과 중국이 자국의 이익에 사로잡혀 세계를 극단적 분열로 몰아넣는 난봉꾼으로 돌변할 가능성이 높다. 이른바 냉전2.0 시대가 열릴 수 있는 것이다. 여러모로 미국과 중국을 보는 국제사회의 시선이 부정적으로 흐를 가능성이 커지고 있다.

한국은 여러 측면에서 소프트파워를 발휘할 수 있는 잠재력을 지니고 있다. 먼저 역사 자체가 소프트파워이다. 한국은 거의 모든 강대국과 달리 침략의 역사가 없다. 도리어 식민 지배를 경험한 비운의 나라이다. 그러면서도 보기 드물게 산업화와 민주화에 동시에 성공한 역사를 갖고 있다. 한국은 다른 나라를 지배할 가능성이 적으면서도 실질적 도움을 주고받을 실력 있는 나라로 비치고 있다.

코로나전쟁은 미국과 유럽이 주역이었던 자본 중심 경제 시대의 종말을 예고하고 있다. 세계인은 암묵적으로 미국과 유럽 시대를 넘어설 새로운 주자를 찾는 중이다. 한국은 사람 중심 경제로의 전환을 선도함으로써 새로운 가치와 비전을 전파하는 주자가 될 수 있다.

3대 메카 전략이 성공적으로 구현되면 건강하고 아름답고 품격 있는 삶을 열망하는 세계인은 한국으로부터 더 많은 자양분을 공급받기를 원할 것이다. 그에 따라 K-pop 효과에서 입증되었듯이 세계인 사이에서 한국에 대한 적극적 지지와 공감의 분위기가 크게 퍼질 수 있다. 이는 고스란히 한국의 소프트파워를 크게 강화시켜주는 요소로 작용할 것이다.

강력한 소프트파워는 다시금 글로벌 협력 네트워크를 더욱 확장 발전시키는 촉매제가 된다. 둘 사이에 선순환 관계가 형성되는 것이다. 이를 통해 한국은 군사력으로 강제하거나 경제력으로 매수할 능력은 부족할 수 있어도 세계인의 마음을 사로잡는 새로운 유형의 소프트파워 강국으로 떠오를 수 있다. 미국과 중국에 능히 대적할 위상을 확보할 수 있으리라 믿는다.

## 3대 기저질환을 넘어 새로운 시대로

지금까지의 논의에 비추어 볼 때 한국은 3대 메카 전략을 바탕으로 3대 기저질환을 치유하면서 새로운 시대로 도약할 수 있다. 그럴 만한 충분한 잠재력을 갖추고 있으며 기회 또한 찾아왔다. 다시 한번 이야기하면 한국 경제 3대 기저질환은 4차 산업혁명에 따른 일자리 감소, 초고령사회 진입에 따른 소비 시장 위축, 중국의 추월에 따른 수출경쟁력 약화 등이었다. 한국은 3대 메카 전략을 바탕으로 신산업을 활성화시키면서 연쇄적으로 기존 제조업의 부흥까지 이끌어낼 수 있다. 산업 발전과 사람 중심의 자동화를 결부시킴으로써 생산성 향상을 수반하는 좋은 일자리 창출을 성공적으로 이룰 수 있다. 이를 원동력 삼아 관광업을 매개로 다양한 서비스업 발전을 촉진시킴으로써 인생 2모작을 사는 노년층의 일자리를 대거 만들어낼 수 있다. 자연스럽게 한국의 장점을 특화시킨 비대칭형 경쟁 구도를 만들어내 중국의 추월에서 벗어남은 물론 중국의 부흥을 성장 기회로 만들 수 있다.

사람 중심 경제를 정착시키고 그에 알맞은 전략을 통일성 있게 추진하는 것은 기본 전제이다. 그럴 때 4차 산업혁명 시대 새로운 가치 창출의 원천인 창조력 발산이 극대화되면서 3대 메카 전략에 입각한 산업 전반의 발전도 원활하게 이루어진다. 그와 맞물려 좋은 일자리 창출이 일반화됨으로써 청년실업도 극복되고 외환위기 이후 크게 악화된 불평등 문제 또한 완화 해소해갈 수 있다. 산적한 갖가지 과제가 함께 해결될 길이 열린다. 이 모든 과정은 인류 사회에 앞에 가로놓인 온갖 과제들을 해결하는 데서 선도적 의미를 갖는다.

미중 패권 경쟁으로부터 촉발된 생존 위기도, 주도적으로 헤쳐 나갈 길도 함께 열린다. 더는 미국과 중국의 눈치를 보지 않고 이들과 당당하게 어깨를 겨루며 발언권을 행사할 여지도 커진다. 노무현 정부 시기에 담론 수준에서 제기되었던 동북아 균형자 위상 확보도 결코 불가능하지 않다.

한국은 피와 눈물로 얼룩진 고난의 세월을 헤쳐왔고 여전히 분단 체제의 아픔을 지닌 나라이다. 오랫동안 변방에 머물며 갖은 수모를 감수해온 나라이기도 하다. 이제 역사의 경계선을 넘어 세계의 중심으로 진입해야 할 시기가 왔다. 주어진 흐름을 쫓는 위치에서 벗어나 세계사의 국면 전환을 선도해야 한다. 시대가 이를 요구하고 또한 허락하고 있다.

미래를 마음속으로 원하는 긍정적 요소만을 부각시키며 유토피아로 묘사하는 것은 매우 위험하다. 지나친 채색은 이성의 눈을 마비시킬 수 있다. 예기치 않은 난관이 얼마든지 있을 수 있고 새롭게 풀어야 할 숙제들이 대거 밀려올 수 있다. 미래는 인간의 예상을 비웃으면서 전혀 다른 방향으로 흘러가기 쉽다. 미래는 여전히 불확실성으로 가득 차 있다.

그럼에도 지금 우리에게 절실한 것은 미래를 향한 출구는 얼마든지 열릴 수 있다는 믿음이다. 오늘보다 나은 미래를 기약할 수 있다는 희망이다. 지금까지 우리의 노력은 오직 그에 응답하기 위한 것이었다.

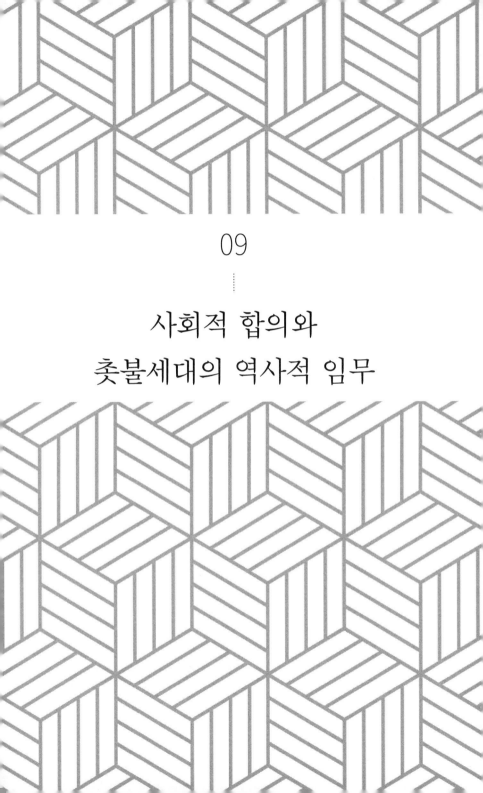

09

사회적 합의와
촛불세대의 역사적 임무

사람 중심 경제로의 전환은 다양한 이해당사자들이 그 의미와 맥락을 충분히 이해하고 공감하면서 적극 지지하고 협력할 때 실현될 수 있다. 결코 시장 논리에 맡긴다고 자연스럽게 해결될 성질의 것이 아니며 거꾸로 국가의 제도적 강제에 의존한다고 실현될 수 있는 것도 아니다. 사람 중심 경제로의 전환은 오직 사회적 합의와 협력을 바탕으로 이루어질 수 있다. 사람 중심 경제로의 사회적 합의는 여러 단계에 걸쳐 다양한 수준에서 다양한 형태로 이루질 수 있다. 암묵적 합의가 있을 수 있고 명시적 합의가 있을 수 있다. 절대 한 번의 이벤트로 끝날 성격의 것이 아니다.

똑같은 개혁개방을 추진했으면서도 소련은 실패했고 중국은 성공했다. 앞서 언급한 대로 사회적 합의 성사 여부가 운명을 갈랐다. 중국은 최고 지도자인 덩샤오핑이 현장으로 내려가 인민들과 동고동락하면서 해법을 찾고 이를 일반화시키는 과정에서 사회적 지지와 동참을 이끌어냈다. 개혁개방에 대한 중국식 사회적 합의가 이뤄지는 과정이었다.

한국은 중국식 사회적 합의를 기대하기 어려운 조건이다. 원점에서 출발해 새로운 경로를 개척할 수밖에 없다. 사회적 합의의 첫 관문은 사람 중심 경제를 추구하는 정치세력이 다수의 지지를 얻는 과정이 될 것이다. 해당 정치세력이 확고한 이니셔티브를 행사하면서 집권에 성공한다면 사회적 합의는 전보다 더 확고한 단계로 진입할 수 있을 것이다. 민심 동향은 이 모든 가능성을 강력히 뒷받침해주고 있다.

민심은 그 내용을 떠나 사회적 합의를 바탕으로 한 협력의 고도화를 열망하고 지지하는 쪽으로 흐르고 있다. 미중 패권 다툼이 극한을 향해 치닫고 있는 와중에 어렵사리 생존 공간을 확보하자면 국민의 지혜와 힘을 최대한 결집하는 것이 더없이 절실하다고 느끼고 있다. 진영으로 갈려 소모적 대결을 거듭한다면 대한민국의 미래를 점치기 어렵다고 보고 있다. 민심은 냉엄하기 그지없는 시대 상황을 투시하고 있다. 지나온 역사를 되돌아보면 한국인들은 국난을 마주할 때마다 강하게 결속하는 성향을 보여왔는데, 그 속성이 강렬하게 뿜어져 나오고 있는 것이다.

사람 중심 경제를 추구하는 정치세력은 기존 정치권에서 나올 수도 있고 그렇지 않을 수도 있다. 모든 가능성은 열려 있다. 중요한 점은 어디서 핵심 동력을 확보할 것인가이다. 유럽의 역사를 움직여온 핵심 동력은 계급에서 나왔다. 근대 시민혁명을 이끈 주축 세력은 부르주아 계급이었으며 이후 노동자 계급이 힘을 얻어 사회 변화를 주도했다. 유럽의 진보 세력이 의지했던 핵심 동력도 노동운동이었다. 한국의 진보 세력 역시 그런 관점에서 오랫동안 노동운동 강화를 위해 노력해왔다. 하지만 앞서 확인했듯이 한국의 노동계는 상당 정도 기득권 세력으로 전락해 있는 상태이다. 노동운동을 핵심 동력으로 삼기 어려운 조건이다.

한국현대사에서 정치세력의 핵심 동력은 계급이 아니라 '세대'로부터 나왔다. 동일한 역사적 경험을 바탕으로 정체성을 공유한 집단으로서의 세대였다. 생물학적 범주나 문화적 범주로서의 세대와 교집합을 형성하면서도 분명한 차이가 있는 역사적 범주로서의 세대이다.

## 산업화세대와 민주화세대의 각축전

지난 수십 년 동안 정치 무대에서 치열하게 각축전을 펼쳐온 대표 세대로는 산업화세대와 민주화세대를 꼽을 수 있다. 이들은 여전히 한국 사회의 권력을 거머쥔 채 절대적 권위를 행사하고 있다. 과연 대전환기를 맞이해 이들 세대는 어떤 역할을 할 수 있을까? 최종 해답을 찾자면 다소 지겹더라도 두 세대에 대해 충분히 짚고 넘어갈 필요가 있다.

두 세대 각기 한국현대사를 아로새긴 산업화와 민주화 성공이라는 영광스러운 과거를 간직하고 있다. 무에서 유를 창조하고 불가능을 가능으로 만들었다는 점에서 모두가 강렬하기 그지없는 과정들이었다. 그로부터 유례를 찾아보기 힘들 정도의 강고한 세대 정체성이 형성되었다.

먼저 산업화 성공부터 살펴보자. 산업화가 시작되었던 1960년대 초 한국은 세계에서 가장 가난한 나라에 속했다. 지하자원도 빈곤했고 분단으로 인해 교역의 중심이 될 지리적 이점도 사라졌다. 축적된 자본과 기술은 전혀 없었다. 국내시장도 협소하기 그지없었다. 한마디로 한국은 일반적 의미에서 경제 건설 성공을 뒷받침할 요소를 전혀 갖추고 있지 않았다.

한국이 의지할 수 있는 것은 딱 하나, 사람밖에 없었다. 수난의 역사를 통해 단련된 지독한 근성, 곧 굶어 죽어도 자식 교육은 시키는 경이로운 교육열, 겁 없이 덤비는 도전 정신은 산업화를 추진한 강력한 원동력이었다. 이를 바탕으로 한국은 수십 년간에 걸친 피나는 노력 끝에 손꼽히는 무역 대국, 기술 강국, 채권 국가로 등극하는 데 성공할 수 있었다.

산업화 과정은 군사정권이 주도한 개발독재로 점철되었다. 독재 정치는 세계 그 어느 곳에서도 찾아보기 힘든 극단적 환경에서 이루어졌다. 한국은 전쟁까지 치른 분단국가였다. 이를 배경으로 국가 전체가 병영체제로 돌변했다. 거대한 규모의 군대와 경찰, 정보기관이 국민의 일거수일투족을 감시하고 억압 통제했다. 여기에 덧붙여 내부가 혼란스러우면 북한이 침략할 수 있다는 권력 기관의 위협이 물리적 억압 이상의 심리적 압박 요소가 되었다. 한마디로 한국은 목숨을 걸지 않으면 민주화투쟁이 불가능한 상황이었다.

민주화투쟁은 바로 그러한 상황에서 피로 얼룩진 역사를 써내려갔다. 수많은 목숨마저 앗아가는 극렬한 탄압을 견디며 전진에 전진을 거듭한 민주화투쟁은 5·18광주민주화운동이라는 피의 강을 건너면서 대폭발을 일으켰다. 7년간 숨 돌릴 틈도 없이 내달린 민주화 대장정은 마침내 1987년에 승리의 고지에 올라섰다. 이후 숱한 위기 속에서도 한국의 민주화는 정착 단계로 진입했다.

한국에서 산업화와 민주화의 동시 성공은 피와 눈물로 얼룩진 세월을 보내며 일구어낸 기적의 역사였다. 산업화세대와 민주화세대 모두에게 지난날의 역사는 머릿속에 저장된 것이 아니라 심장에 새겨져 있다. 두 세대의 정체성에는 진한 피가 배어 있다.

주목해야 할 사실이 하나 있다. 산업화세대가 다소 먼저 형성된 것은 사실이지만 크게 보면 두 세대는 동시대를 살았다고 해도 크게 틀리지 않다. 이 두 세대는 산업화와 민주화라는 자신의 가치에 모든 것을 집중하면서 서로에 대해 지극히 부정적 태도를 취했다. 산업화세대는 민주화투쟁을 산업화에 전념해야 할 시기에 국론을 분열시키고 에너지를 낭비하는 소모적 시도로 간주했다. 반면 민주화세대는 산업화를 대외종속, 정경유착, 부익부빈익빈을 수반하는 부정적 과정으로 보았다. 두 세대는 동시대를 살면서 날카롭게 갈등 대립했다. 이는 훗날 두 세대가 어떻게 서로를 대할지를 암시하는 지점이었다. 그러면 서로가 서로를 쉽게 용납하지 못했던 두 세대가 어떻게 각축전을 벌여왔는지 간략히 되짚어보자.

1987년 민주화투쟁 승리로 대통령 직선제가 도입되었으나 민주화세대는 김대중·김영삼의 분열로 정치적 패배를 겪었다. 이후 1990년 3당 합당으로 김영삼을 중심으로 한 민주화세대 일부가 산업화세대 진영으로 합류했다. 이를 계기로 다분히 상대적 의미이기는 했지만 산업화세대는 보수로, 민주화세대는 진보로 각자의 정체성이 재정립되어갔다.

산업화세대는 1997년 외환위기를 맞으면서 권력을 민주화세대에게 넘겨주어야 했다. 민주화세대가 주축이 된 김대중 정부는 2000년 남북정상회담을 계기로 평화 대 냉전 구도를 정착시킴으로써 산업화세대를 냉전 세력으로 규정, 소수화시키는 데 성공했다. 그 연장선에서 형성된 개혁 대 수구 구도를 기반으로 노무현 정부가 탄생할 수 있었다.

노무현 정부의 핵심 동력은 민주화세대의 절정이자 새로운 주축 세력으로 떠오른 이른바 386세대였다. 386세대라는 표현은 1990년대 처음 등장했는데 당시 기준으로 1960년대에 태어나 1980년대에 대학을 다닌 30대로서 민주화운동 경험을 공유한 세대를 지칭하는 용어였다. 국민들은 386세대가 민주화투쟁에서 보여준 모습 그대로 나라의 발전을 위해 기꺼이 헌신할 것이라 믿었다. 국민들은 그러한 386세대에게 과감하게 기회를 주었다.

노무현 탄핵 역풍 속에서 치러진 2004년 4월 총선에서 386세대는 대거 국회에 입성할 수 있었다. 명실상부한 정치권 중심으로 자리 잡은 것이다. 하지만 이들은 국정 운영을 책임지기에는 준비가 너무 부족했다. 신자유주의를 개혁 이데올로기로 착각할 정도로 시류 판단 능력도 형편없었다. 노무현 정부 시기에 사회적 양극화 심화는 최악을 기록했다. 민심 이반이 뚜렷해지면서 노무현 정부는 실패로 끝났다. 여당인 열린우리당 해체는 이를 극명하게 확인하게 해준 지점이었다.

민주화세대는 사분오열되어 갈피를 잡지 못했다. 각자 자기 살 길만 찾아 허우적거렸다. 민주화세대가 혼돈 속을 일순간에 빠져나와 전열을 정비하게 된 계기는 2009년 노무현의 죽음이었다.

한편 김대중·노무현 정부 시기 야권의 위치에서 절치부심의 세월을 보내던 산업화세대에게 새로운 기회가 다가오고 있었다. 무엇보다 산업화세대의 존재 가치를 재인식하게 한 시대 상황이 만들어지고 있었다. 바로 조선, 전자 등 주요 산업에서 일본 추월이 가시화되기 시작한 것이다. 일본의 식민 지배를 경험한 민족이면서 일본의 자본과 기술에 의존해 경제 건설을 추진하며 온갖 수모를 다 겪은 나라 국민들로서 일본 추월은 말로 표현할 수 없는 희열이자 감격이었다.

이런 분위기는 2002년 한일월드컵을 통해 극적으로 표현되었다. 국민들에게는 한일월드컵 성사 자체만으로도 남다른 의미가 있었다. 당시 세계 2위 경제대국 일본은 한참 앞질러 월드컵 유치를 추진하고 있었다. 그런 조건에서 뒤늦게 뛰어든 한국이 한일월드컵을 성사시켰다는 사실은 일본과의 경쟁에서 판정승을 거둔 것이나 다름없었다.

이전 시기 '대한민국'은 부끄러운 이름의 대명사였다. 어용지식인 아니면 대한민국을 입에 올리는 사람은 거의 없었다. 그러던 것이 180도 바뀌었다. 한일월드컵 응원전에서 국민들은 대한민국을 목청껏 외치기 시작했다. 부끄러운 대한민국이 아니라 자랑스러운 대한민국이 된 것이다.

산업화 성공의 주역인 산업화세대가 각광받기 시작했다. 보수 매체는 발 빠르게 산업화 성공 신화를 발굴해 유포했다. 정몽준·이명박·박근혜 등 산업화세대 정치인들이 연이어 대선 주자 반열에 올랐다. 2007년 12월 치러진 대선에서 산업화세대 주자인 이명박은 경제 회생의 기대를 한 몸에 안으면서 압승을 거두었다. 분위기를 반영하듯이 노무현 지지자 중 40% 정도가 이명박에게

표를 던졌다. 이들은 노무현 후보 지지로 과거 민주화투쟁에 함께하지 못한 부채를 털었다고 생각했다.

이명박·박근혜 정부의 연이은 출범으로 권좌에 복귀한 산업화세대는 경제 회생에 상당한 자신감을 보였다. 다수의 유권자가 보수 정치를 선택한 이유이기도 했다. 이명박 정부 출범과 함께 한국 경제는 3대 기저질환을 앓기 시작했다. 이전과는 전혀 다른 상황에 직면해 있었다. 산업화세대는 이에 대해 제대로 인식조차 못 하고 있었다. 적절한 처방을 준비하지 못한 것은 더 말할 나위도 없었다. 산업화세대는 그저 과거의 성공에 취해 있었을 뿐이었다.

4대강 사업 등 과거의존적 접근은 참담한 실패로 끝났다. 이명박·박근혜 정부 시기 연간 경제 성장과 1인당 국민소득 증가 등 경제 지표가 산업화세대 스스로 '잃어버린 10년'이라고 규정했던 김대중·노무현 정부 시기보다 한참 뒤처진 것으로 나타났다. 실망한 민심이 이반하기 시작했다.

실망과 분노가 빠르게 번져가고 있던 와중에 터진 최순실 국정농단 사건은 촛불시민혁명을 폭발시키는 뇌관으로 작용했다. 참가자 수에서 사상 최고의 기록을 연속으로 갈아치우며 촛불시민혁명은 절대다수 국민의 지지를 등에 업고 박근혜 탄핵을 압박했다. 결국 박근혜는 탄핵되었고 곧바로 긴 수감 생활에 들어갔다. 뒤를 이어 이명박도 구속되었다.

## 좌우 진영 대결의 본질

박근혜 탄핵을 거치며 산업화세대는 치명상을 입었다. 한동안 지속되던 보수 절대 우위는 완전히 무너졌다. 하지만 혹독한 경험을 했음에도 근본적 쇄신을 위한 노력은 없었다.

산업화세대의 입에서 나온 처방은 딱 두 개였다. 정치 처방은 '좌파와의 대결'이었고, 경제 처방은 '규제 완화'뿐이었다. 사고가 자본 중심 경제 안에 갇혀 있는 조건에서 나타난 필연적 결과일 수도 있었다.

좌우 대결 구도는 산업화세대가 정치적 회생을 위해 의지했던 유일한 장치였다. 세계사적 관점에서 보았을 때 좌우 대결 구도는 3차 산업혁명 이후 유효성을 잃은 구시대 유물이었다. 한국 현대정치사에 초점을 맞추더라도 결론은 같았다. 2004년 이후 박근혜 주도로 가동되기 시작한 좌우 대결 구도는 역사 발전을 가로막은 지극히 퇴행적인 장치였다.

앞서 김대중이 주도했던 민주 대 독재, 평화 대 냉전, 개혁 대 수구 구도는 국민이 보기에 지지해야 할 가치와 청산하고 극복해야 할 대상이 명료하게 드러난 구도였다. 다수 국민들의 지지와 동참을 바탕으로 역사 발전을 가능하게 한 구도였다. 반면 좌우 대결 구도는 지지해야 할 가치는 불분명한 데 반해 청산 대상은 철저히 은폐되었다. 역사 발전을 가로막을 수밖에 없었다.

이에 아랑곳없이 좌우 대결 구도는 보수 정치를 추구했던 산업화세대에게는 매우 유리하게 작용했다. 대구·경북과 부산·경남지역, 50대와 60대 이상, 국가주의와 자유주의 세력이 우파라는 기치 아래 손을 잡을 수 있었다. 이는 곧바로 선거에서 유리한 지형으로 작용했다. 한때 박근혜가 선거를 매번 승리로 이끌면서 선거의 여왕이라는 호칭을 얻은 비결이다.

촛불시민혁명은 압도적 다수의 국민들이 좌우 구도를 뛰어넘어 박근혜 탄핵이라는 공동의 목표 아래 통 크게 뭉친 투쟁이었다. 국민의 힘으로 퇴행적인 좌우 대결 구도를 해체시킨 투쟁이었다. 이런 점에서 산업화세대가 좌우 구도의 재가동을 통해 정치적 회생을 시도한 것 자체가 역사의 흐름을 거역한 것이었다. 맞은편에 있던 민주화세대는 이 지점에서 정확한 대응을 하지 못했다. 도리어 의도와 무관하게 좌우 대결 구도 재현에 일조하는 꼴이 되고 말았다.

민주화세대는 자신들은 좌우 대결 프레임에 찬성한 적이 없으며 수구 대 개혁 세력 대결에 동참하고 있다고 강변할지 모른다. 하지만 어떤 프레임이 작동하고 있는지를 최종 결정짓는 요소는 중도파의 판단과 행보다. 한국 사회 중도파의 대부분은 진영 간 대결을 좌우 구도로 파악하고 있다. 촛불시민혁명 이후 국면에서 조차도 산업화세대가 프레임전쟁에서 유리한 위치를 점한 것이다. 진영 대결이 처음부터 산업화세대에게 유리하게 작동할 가능성이 높은 환경이었다.

촛불시민혁명 이후에도 한국 사회는 의연히 좌우 대결 구도 안에서 움직였다. 도리어 시간이 흐르면서 좌우 진영 대결은 더욱더 극단을 향해 치닫는 양상을 보였다. 도대체 본질적인 이유가 무엇일까?

만약 두 진영이 각자 고유한 영역이 있고 이를 기반으로 서로 경쟁하는 관계라면 극단적 대결로 흐를 가능성은 상대적으로 낮다. 상대의 존재를 어느 정도 용인할 여유가 있다. 반면 눈앞에 있는 자원을 누가 차지할 것인가를 놓고 다툰다면 죽기 살기로 싸울 가능성이 높다. 상대의 존재를 인정하기 어렵다. 좌우 진영 대결은 바로 후자에 속했다.

문제의 핵심은 세월이 흐르면서 산업화세대와 민주화세대 대부분 기득권 세력으로 전락해왔다는 데 있다. 한국 사회는 얼추 1%의 특권 세력과 20%의 기득권 세력으로 구성되어 있다고 볼 수 있다. 바로 그 20% 기득권 세력의 절대다수를 산업화세대와 민주화세대가 채우고 있다. 이는 자녀 교육에 대해 갖는 이들의 동기에서 쉽게 확인된다.

과거 한국인들 다수는 현재의 처지에서 탈출하고자 하는 욕망에서 자녀 교육에 열을 올렸다. 하지만 산업화세대와 민주화세대의 자녀 교육 동기는 대체로 탈출 욕망이 아니라 '세습 욕망'이다. 이는 두 세대 모두 지키고 싶어 안달인 그 무엇이 생겼다는 것을 의미한다. 바로 기득권이다.

민주화세대는 자신들을 기득권 세력으로 규정하는 것에 불편함을 느낄 수 있다. 자신들은 여전히 기득권 세력에 맞서 싸우는 사람이라고 생각할 수 있다. 하지만 진실은 달라지지 않는다. 앞서 살펴본 것처럼 민주화세대 가장 밑바닥을 차지했던 노동계급조차도 다분히 기득권 세력으로 전락했다. 민주화세대의 존재와 의식의 분열은 위선으로 비치기 쉽다.

진영 대결에서 나타나는 견해 차이를 싸잡아 매도할 수는 없다. 옳고 그름을 판단해야 할 지점이 매우 많은 게 사실이다. 그러나 기득권에 집착하는 세력들의 다툼은 본질적으로 '기득권 쟁탈전'일 수밖에 없다. 기득권의 향방은 국가권력을 누가 차지하는가에 따라 결정적으로 달라진다. 좌우 진영 대결이 서로의 존재를 용납조차 하지 않는 극단적 정치 대결로 치닫는 진짜 이유이다. 기득권 쟁탈전으로서 좌우 진영 대결은 촛불시민혁명에 역행하는 것이었을 뿐 아니라 이를 파괴 해체까지 했다.

촛불시민혁명은 박근혜 탄핵을 공통의 목표로 내걸었지만 그 이상의 목표를 함축하고 있었다. 다수 국민의 지혜와 힘을 모아 새로운 시대를 열어가기 위한 대장정의 출발이었다. 촛불시민혁명 현장에서 아무런 차별과 배제 없이 함께 어우러졌던 모습 그대로 세상을 재구성하고자 하는 열망의 표현이었다. 변화와 혁신을 향한 역사적인 첫걸음이었다.

기득권은 기존 틀을 유지하려는 강한 관성을 낳는다. 변화와 혁신을 거부하게 만든다. 기득권 쟁탈전에 집착하는 산업화세대와 민주화세대 모두 촛불시민혁명의 온전한 계승자가 되기 어려운 이유이다.

산업화세대는 물론이고 민주화세대 역시 기득권세력으로 전락했으며 촛불시민혁명의 온전한 계승자가 될 수 없음을 드러내는 사건이 전혀 예기치 못했던 의외의 지점에서 터져 나왔다. 조국의 법무장관 임명을 둘러싸고 벌어졌던 이른바 '조국 사태'가 바로 그것이었다.

촉망받는 진보 정치인 조국은 민주화세대가 얼마큼 기득권화되었는지 드러냈다. 누구나 다 누리고 있는데 왜 조국만 물고 늘어지느냐는 지지자들의 항변은 이 사실을 더욱 뒷받침해주었다. 지지자들은 불법 유무로 초점을 옮기려 했으나 부동산 투기 문제에서 드러나듯이 기득권이 꼭 불법이라서 문제가 되는 것은 아니었다.

다수의 민주화세대는 조국을 둘러싼 공방전을 기존 좌우 진영 대결의 연장에서 접근했다. 조국 공방전에서 밀리면 진영 대결에서 패배할 것이라 보았다. 하지만 이 같은 반응은 민주화세대 스스로가 촛불시민혁명이 이룬 많은 것을 무효화하는 것으로 이어졌을 뿐이다. '조국 수호 검찰 개혁' 슬로건을 내건 서초동 집회는 이 점을 분명하게 드러냈다.

민주화세대가 주축이 된 서초동 집회는 조국 수호를 전면에 내걸면서 촛불시민혁명에 참여했던 다수의 국민들을 반대편에 서도록 만들었다. 사실상 촛불시민혁명의 완벽한 파괴요 해체였다. 촛불시민혁명의 상징적 공간이었던 광화문 광장을 반대편에 내준 것만으로도 치명적이었다.

산업화세대와 민주화세대 모두 대전환기 새로운 시대에 주역이 될 가능성은 별로 없어 보인다. 무엇보다도 이들은 과거 경험과 감각에 의존해 판단하는 과거의존적 태도가 너무나 강하다. 사고 틀과 기준을 완전히 바꾸어야 하는 대전환기에 이런 모습은 심각한 장애로 작용하기 쉽다.

극단적인 진영 대결은 사람들의 시야를 협소한 진영 안에 가두고 있다. 온통 상대를 악마로 낙인찍으면서 자신을 정의의 사도로 부각시키는 데 집착하도록 만든다. 나라 전체가 어떤 처지에 놓여 있는지 파악하고 난관을 어떻게 헤쳐나갈지 고민하는 것을 구조적으로 어렵게 만든다. 무엇보다도 국민을 끊임없이 분열시킴으로써 국민의 힘과 지혜를 결집해 새로운 미래를 열고자 갈망했던 '촛불정신'을 훼손할 가능성이 매우 크다. 같은 편끼리의 소통만을 일상화 구조화시키는 SNS 활동은 이러한 경향을 고착시키는 데 크게 기여하고 있다.

좌우 진영 대결은 전형적인 적대적 공존 구조이다. 상대의 존재마저 부정하는 극단적 적대감이 결과적으로 진영 대결을 격화시키면서 상대 입지를 안정화시켜왔다. 사라졌어야 할 퇴물들의 정치 생명 연장에 결정적으로 기여한 사람들은 다름 아닌 반대편에서 입에 거품을 물고 적대감을 분출했던 진영주의자들일지도 모른다. 지독한 아이러니가 아닐 수 없다. 모든 정치 행위는 의도가 아닌 결과로서 평가받는다. 강한 정치성을 수반했던 진영 대결 역시 마찬가지이다.

언제나 그러하듯이 예외적 소수는 존재하기 마련이다. 기득권을 누리면서도 과거의존적 태도에서 벗어나 끊임없이 변화와 혁신을 추구하는 직업군의 사람들도 적지 않다. 국난에 직면하면서 풍부한 경험을 바탕으로 한 위기관리 리더십이 절실한 것도 사실이다. 2020년 4·15총선에서 대승을 거둔 민주화세대의 역할은 여전히 주효할 수도 있다. 그럼에도 대전환기에 산업화세대와 민주화세대는 자신들의 역사적 한계를 뛰어넘기가 힘들 것으로 보인다.

**미래의 주역, 촛불세대의 탄생**

좌우 대결 구도에 기대 정치 생명을 연장해온 퇴물들을 청소할 최선의 방법은 구도 안에서의 대결이 아니라 구도 자체를 해체하는 것이다. 민심의 주류는 줄곧 그러한 방향으로 작용해왔다. 2020년 4·15총선에서 민심은 퇴행적 좌우 대결 구도에 집착하는 세력을 심판했다.

　퇴행적 좌우 진영 구도가 온전히 해체되자면 구도 유지에 이해관계가 전혀 없는 새로운 세력이 등장해야 한다. 산업화세대와 민주화세대는 정치적 견해 차이를 둘러싸고 심각한 분열과 대립을 경험한 역사를 간직하고 있다. 반면 이후에 등장한 세대 안에는 그러한 분열과 대립의 흔적이 별로 없다. 이러한 경험의 차이는 이후 세대가 전혀 다른 태도를 갖게 할 요인이 될 수 있다.

　한국이 대전환기 이후 국면을 희망적으로 볼 수 있는 결정적 요소는 새로운 시대를 감당할 주역이 준비되어왔다는 데 있다. 먼저 청년세대 일반으로 시야를 넓혀 접근해보자.

　이웃 일본의 청년세대는 상당히 순응적이다. 순응하는 자만이 살아남는 역사가 지속되면서 자연스럽게 그런 관점과 태도가 형성된 것으로 보인다. 한국의 청년세대는 매우 다르다. 상당히 반항적이며 '헬조선'이라는 표현에서 드러나듯이 현실에 대해 사뭇 비판적 시각을 갖고 있다. 세습되는 기득권 체제에 대해서는 극도의 불만과 좌절감을 느끼고 있다.

　청년세대의 현실비판적 특성은 4차 산업혁명이 요구하는 강한 모험심과 혁신적 사고와 어우러지고 있다. 청년세대는 단군 이래 최고의 스펙을 보유하고 있다고 할 만큼 뛰어난 실력과 글로벌 마인드를 두루 갖추고 있기도 하다. 다만 사회 구조적 요인으로 강점이 제대로 빛을 못 보고 있을 뿐이다. 무엇보다도 산업화세대와 민주화세대가 권력을 쥐고 있는 조건에서 수직적 위계질서에 입각한 권위주의 조직 문화가 청년세대를 짓누르고 있다.

그동안 정치권은 어디로 튈지 모르는 청년세대를 자신들의 지지자로 만들기 위해 다각적인 노력을 기울여왔다. 하지만 일시적 이벤트에 그치거나 소프트웨어 기반 없는 하드웨어 중심 접근에 머무는 등 한계가 뚜렷했다. 청년세대와 관련해서 정치권이 보여준 가장 큰 한계는 청년세대를 새로운 시대를 열어갈 주역이라기보다 구제 대상으로 본 데 있었다.

청년세대가 과연 새로운 시대의 주역이 될 수 있을까? 포괄적 의미에서 보면 맞는 이야기이다. 우리가 찾는 답은 사람 중심 경제를 이끌어갈 정치세력의 핵심 동력으로서 세대이다. 과연 청년세대 일반이 그 해답일 수 있을까? 정확한 해답을 찾자면 좀 더 자세히 들여다볼 필요가 있다.

통상 청년세대라고 표현하지만 엄밀한 의미에서 청년세대가 산업화세대나 민주화세대처럼 공통의 역사적 경험을 바탕으로 정체성을 공유한 집단은 아니다. 청년세대는 정체성과 정치적 견해에서 다양한 스펙트럼을 보이고 있다. 같은 청년세대라고 하더라도 20대와 30대는 상당한 차이를 보여준다. 청년세대가 단일한 정치세력으로 성장할 가능성은 거의 없다.

청년세대 중에서도 공통의 역사적 경험을 바탕으로 일정한 정체성을 형성해온 유일한 집단은 '촛불세대'이다. 그간의 역사적 경험에 비추어 정치세력으로 성장할 가능성이 매우 큰 집단이다.

촛불세대는 1990년대 이후 이전과는 전혀 다른 종인 '새로운 세대' 출현을 배경으로 하고 있다. 새로운 세대 출현은 급격한 환경 변화의 산물이었다. 1990년대 접어들어 냉전의 해체, 민주화 정착, 경제 성장 성과의 가시화, 디지털문명 개화, 1~2자녀 보편화 등 환경 변화가 일어났다. 이러한 배경에서 집단 가치를 우선했던 이전 세대와는 확연히 다른 '나'를 중심으로 세상을 보는 데 익숙한 새로운 세대가 잉태했다. 새로운 세대에게 '나'는 모든 것의 출발점이자 중심이었으며 동시에 목표였다.

일련의 숙성 과정을 거쳐 예의 촛불세대가 탄생했다. 촛불세대의 정체성 형성은 명칭 그대로 촛불시위 역사와 궤를 같이하고 있다. 촛불세대가 처음 자신의 모습을 드러낸 데뷔 무대는 2008년 광우병 위험 미국산 쇠고기 수입 결정으로 촉발된 촛불시위였다. 전작『한국혁명』에 기술된 내용을 바탕으로 당시 상황을 개략적으로 요약 정리하면 이렇다.

2008년 촛불시위는 5월 2일부터 7월 12일까지 연인원 300여만 명이 참여한 것으로 추산되었다. 촛불시위가 길게 이어지는 동안 72시간 릴레이 시위처럼 장시간에 걸친 마라톤 시위가 등장했는가 하면 촛불문화제로 시작해 다음 날 새벽까지 경찰과 대치하는 철야시위도 일상화되었다.

촛불시위 주역인 촛불세대는 처음 촛불을 든 10대에서 세상에 대한 문제의식이 충만해져 있던 30대까지를 아우르고 있었다. 촛불세대는 2008년 촛불시위 과정에서 철저하게 자신을 중심으로 세상을 대하는 새로운 세대의 속성을 액면 그대로 표출했다.

촛불세대는 그 어떤 조직에도 구속되는 것을 꺼렸다. 누구인가가 자신을 가르치려 들거나 이끌려고 하면 강한 거부감을 드러냈다. 촛불세대가 볼 때 촛불시위 중심은 참가자 각자였다. 그러다 보니 참가자들이 한곳에 모여 집회를 할 때도 준비된 연사의 정치연설이 아닌 참가자들의 자유로운 발언이 줄을 이었다. 전체 대열을 이끌고 가는 지도부도 따로 존재하지 않았다. 시위 참가자들이 각자 판단해 움직였고 필요하면 즉석에서 열띤 토론을 벌이기도 했다.

촛불세대는 2008년 촛불시위에서 이전 세대와는 전혀 다른 방식으로 사회적 공감대를 형성하는 데 성공했다. 촛불세대는 촛불시위 현장을 함께 어울려 춤추고 노는 축제의 장으로 만들었다. 이들에게 투쟁과 놀이는 처음부터 하나였다. 이전 시기에 집회 시위를 지배했던 비장함과 강인함을 부드러움과 여유로움으로 대체했고, 물리적 힘을 문화적, 예술적 상상력과 재기 발랄함으로 대체했다. 보는 사람들 사이에서 저절로 폭소와 박수가 터져 나오도록 만들었다.

촛불세대는 2008년 촛불시위를 통해 자신들의 잠재력을 폭발적으로 발산했다. 그들은 온라인 공간에서 터득한 특유의 확장성을 바탕으로 거대한 시위 대열을 형성했다. 특유의 재기 발랄함을 바탕으로 분위기에서 모두를 압도했다. 온라인에서의 왕성한 활동을 현장과 결부함으로써 여론을 쥐고 흔들 수 있었으며, 이를 통해 이명박 정부를 궁지에 몰아넣었다. 결국 이명박 정부는 대국민 사과와 함께 재협상을 통해 30개월 미만 쇠고기만을 수입하는 조치를 취해야 했다.

촛불세대가 주도한 2008년 촛불시위는 '운동 단체'가 주도하는 전통적 집회 시위와 사뭇 다른 양상을 보였다. 이는 촛불세대가 이전 세대와 무엇이 어떻게 다른지를 집약적으로 보여주었다.

전통적 집회 시위는 소속 단체가 있는가 여부에 따라 참가인가 참관인가 혹은 구경꾼인가 여부가 확연히 갈린다. 반면 2008년 촛불시위는 이러한 경계선이 전혀 존재하지 않았다. 누구든지 촛불만 들면 시위의 당당한 일원이 될 수 있었다. 그런 점에서 촛불시위는 지극히 개방적이었다.

전통적 집회 시위는 단상 지도부와 단하 대중 사이에 수직적 위계질서가 확립되어 있다. 2008년 촛불시위에는 위계질서가 완전히 제거되어 있었다. 촛불시위 참가자는 모두 동격이었으며 관계는 지극히 수평적이었다. 국회의원이 오거나 중학생이 오더라도 똑같은 촛불의 한 명이었다.

전통적 집회 시위는 통일성을 중시했다. 지도부 지휘에 따라 통일적으로 움직였고 구호도 통일적으로 외쳤다. 그러나 2008년 촛불시위는 이러한 통일성을 전혀 찾아볼 수 없었다. 촛불시위는 참가자 각자가 자기 입맛에 맞게 기획하고 연출했다는 점에서 다양성이 극대화된 시위 형태였다.

이렇듯 2008년 촛불시위는 '지극히 개방적이고 수평적이며 다양성이 극대화된 전혀 새로운 관계를 거대한 행위 예술로 표현해 낸 사건'이었다. 개방성, 수평성, 다양성을 바탕으로 누구든지 시위대의 일원이 될 수 있었으며 모두가 동격이었고 각자 자신의 속성에 맞게 시위를 연출할 수 있었다. 이는 곧 촛불시위가 지도부와 대중, 주체와 객체의 분리를 온전히 극복했음을 말해준다. 시위대 모두가 기획의 주체였고 자신을 이끈 지도부였다.

촛불세대가 선보인 개방적이고 수평적이며 다양성이 극대화된 새로운 시위 문화는 자신이 속한 새로운 세대의 속성을 투영한 결과였다. 다시 한번 이야기하지만 새로운 세대는 1990년대 이후 변화된 환경에 영향을 받아 자신을 세상의 중심으로 보는 경향이 강했다. 오직 개방적이고 수평적이며 다양성이 극대화된 조건에서만 모두가 세상의 중심이 될 수 있다. 자연스럽게 개방성과 수평성, 다양성은 새로운 세대의 고유한 속성으로 체화될 수밖에 없었다.

촛불세대는 2008년 촛불시위를 주도하면서 새로운 집회 시위 문화를 선보이는 데 성공했다. 하지만 2008년 촛불시위는 전혀 새로운 시위 문화였던 만큼 기존 시위 문화와 정면충돌이 불가피했다. 실제로 촛불세대와 기존 시위 문화에 익숙했던 이전 세대 사이에 갈등이 빈번하게 발생했다. 2008년 촛불시위는 극렬한 충격을 수반한 문화 충돌 현장이었다.

2008년 이후 촛불시위는 오랫동안 재현되지 않았다. 촛불세대 또한 자신의 정체를 쉽게 드러내지 않았다. 촛불세대는 지표면 아래서 긴 잠류를 거듭했다. 촛불세대의 문화적 영향력은 더욱 깊어지고 넓어져갔다. 마침내 촛불세대가 충돌을 극복하고 문화적 헤게모니를 행사하는 역사적 사건이 일어났다. 광범위한 시민의 지지와 동참 아래 진행된 박근혜 탄핵 촛불시민혁명이 폭발한 것이다. 마찬가지로 전작 『한국혁명』에 기술된 내용을 바탕으로 재구성하면 이렇다.

2016년 10월 26일 서울 청계천 광장에서 시작된 촛불시민혁명 집회는 주말마다 개최되면서 박근혜 탄핵이 확정된 다음해 3월까지 계속 이어졌다. 촛불시민혁명은 참가자 수에서 연신 기록을 갱신했다. 12월 3일의 경우는 주최 측 추산하기에 사상 최대 규모인 230여만 명이 참여하기도 했다.

촛불시민혁명을 이끈 세력은 참가자의 70% 이상을 차지한 '자발적 시민'들이었다. 이들은 목표 설정과 집회 양식 결정 등에서 주도적 역할을 했다. 박근혜 탄핵을 목표로 설정한 것도, 철저하게 비폭력 평화 집회를 고수한 것도 이들이었다. 정치권과 민중 단체 등은 그 뒤를 따라가는 형국이었다.

촛불시민혁명은 세계사에 그 유례를 찾을 수 없을 만큼 평화적이고 아름다운 집회로 진행되었다. 시민들은 청와대 진격투쟁을 주장하는 단체 사이트로 몰려가 자제를 호소하기도 했고 경찰 차벽에 올라간 사람들을 내려오도록 설득했다. 청와대 근처까지 행진해 갔다가도 때가 되면 주 무대인 광화문 광장으로 질서 있게 퇴각하기도 했다. 스티커 부착을 통해 공권력 행사의 상징인 경찰 차벽을 평화의 상징인 꽃벽으로 둔갑시키기도 했다. 물리적 장애를 예술로 극복한 것이다. 그 결과 11월 12일부터는 단 한 명의 연행자도 나오지 않았다.

의경과의 충돌을 최대한 자제하면서 꽃을 전달하고 포옹하는 모습은 의경도 대한민국 국민의 일원이며 누군가의 사랑스러운 자식이라고 생각하는 국민들의 공감을 얻었다. 엄청난 인파가 운집했지만 집회가 끝날 때마다 너나없이 자발적으로 청소를 해 평소보다도 깨끗해진 광장의 모습은 집회 참가자들이야말로 광장의 진정한 주인임을 입증하는 증거가 되었다. 다양한 형태로 펼쳐진 정감 어린 자원봉사는 촛불시민혁명을 딱딱하고 격렬한 정치투쟁보다는 훈훈한 축제의 장으로 느끼도록 만들었다.

비폭력 평화집회를 고수함으로써 더 많은 시민들이 큰 두려움 없이 집회에 참여할 수 있었다. 더불어 이를 지켜보는 다수의 국민이 쉽게 공감하고 지지할 수 있도록 만들었다. 촛불시민혁명은 80%에 이르는 압도적인 국민의 지지를 등에 업고, 목표했던 박근혜 탄핵을 성사시켰다.

촛불시민혁명 참가자는 정치적 스펙트럼이나 세대 모두에서 매우 다양했다. 다양한 세력이 아무런 제한 없이 광범위하게 참여할 수 있었던 요인은 촛불시민혁명을 일관되게 관통한 집회 문화와 연관이 깊다. 즉 촛불만 들면 누구나 당당한 일원이 될 수 있었던 '개방성', 사회적 지위나 신분과 관계없이 참가자 모두가 동격인 '수평성', 참가자 각자가 기획하고 연출한 '다양성'이 사상 초유의 거대한 집회를 만들어낸 문화적 요인이었다.

촛불시민혁명 전체를 관통했던 문화적 특성은 2008년 촛불세대가 처음 선보인 촛불시위 특성과 정확히 일치했다. 이는 촛불시민혁명이 촛불세대의 문화적 헤게모니가 확립된 역사적 사건임을 확증해준다. 촛불세대는 자발적 시민 속에 모습을 감추고 있었지만 엄연한 촛불시민혁명의 주역이었다.

앞서 이야기했다시피 촛불시민혁명의 세 가지 특성인 개방성, 수평성, 다양성은 새로운 세대의 일반적 특성이었다. 촛불세대는 2008년 촛불시위와 촛불시민혁명을 거치며 이러한 특성에 개인적이고 문화적인 차원을 넘어서는 역사성과 사회정치적인 성격을 불어넣었다. 달리 말해 개방성, 수평성, 다양성을 미래 사회를 구성하는 원리로 승화시킨 것이다. 이 사실은 이 세 원리가 사람 중심 경제에서도 똑같이 작동한다는 점을 통해 뚜렷이 확인된다.

사람 중심 경제에서 사람은 특수한 위치에 있는 사람만이 아니라 사회구성원 모두에게 적용되는 보편적 개념이다. 강한 개방성을 띤다. 사람 중심 경제에서 창조력은 각자가 중심인 조건에서 발산이 극대화될 수 있다. 모두가 중심에 설 수 있는 환경은 오직 수평적 관계뿐이다. 사람 중심 경제에서 가치 창출의 주요 원천인 창조력은 각자에게 고유한 요소가 있을 때 의미를 가질 수 있다. 사람 중심 경제는 다양성 극대화에서 활로를 찾는다.

　이런 점에서 촛불세대는 사람 중심 경제 DNA를 체화하고 있다. 이것은 촛불세대가 미래의 주역임을 확증해준다.

## 새로운 시작, 새로운 진보

한국현대사에서 촛불집회가 처음 선보인 것은 2002년 미군 장갑차에 희생된 심미선·신효순 두 중학생을 추모하는 집회에서였다. 2002년 촛불집회는 민주화세대 정점을 찍은 386세대가 주도했다. 촛불세대는 2008년 그들의 무대를 통해 촛불시위를 문화적으로 재구성했다. 이 사실은 역사적으로 촛불세대가 촛불시위를 매개로 민주화세대를 계승하고 있음을 말해주는 상징적 지점이다. 촛불세대가 넓은 의미의 진보 세계에서 움직일 것을 예고하는 장면이다.

　하지만 촛불세대의 시대 인식은 산업화세대는 물론이고 민주화세대와도 사뭇 다르다. 촛불세대는 민주화세대 뒤를 잇지만 민주화세대에 대해 매우 비판적이며 극복할 대상으로 삼는다. 촛불세대에게 좌우 대결 구도는 구닥다리로 전락한 구시대 유물일 뿐이다. 촛불세대 눈에 비친 좌우 진영 대결은 꼰대들이 벌이는 우스꽝스러운 장면에 불과하다. 평소 사는 모습은 크게 다르지 않으면서 마치 자신을 악마와 싸우는 정의의 사도처럼 치부하는 태도를 괴이하게 느낀다.

촛불세대는 민주화세대를 포함해 진영 대결에 집착하는 꼰대세대들의 아집을 몹시 불안한 시선으로 지켜보고 있다. 촛불세대의 문제의식은 대략 이러하다.

미중 패권 경쟁이 격화하는 시기에 가장 큰 범죄는 국민을 분열시키고 소모적 대결로 몰아넣는 행위이다. 자칫하면 국민의 생존마저 위협하는 치명적 결과를 초래할 수 있다. 미중 밀월 관계가 유지되면서 미국과 중국 모두에서 큰 어려움 없이 실리를 취하던 시대와는 180도 다르다. 가장 심각한 문제는 산업화세대는 물론이고 민주화세대조차도 진영 대결에 깊숙이 길들여지면서 자신들이 얼마나 위험한 불장난을 벌이고 있는지조차 못 느낀다는 점이다. 선박이 좌초될지도 모르는데 갑판 위에서 티격태격 싸우는 데 정신이 팔려 있는 격이다.

촛불세대 눈에는 산업화세대와 민주화세대 어느 쪽이든 촛불 시민혁명의 계승을 바탕으로 한국 경제의 새로운 국면을 열 수 있을 법해 보이지 않을 테다. 사람 중심 경제에서 가치 창출의 주요 원천인 창조력은 다양성을 생명으로 삼는다. 아무리 정교해도 단순 복제품은 가치를 인정받을 수 없다. 사람 중심 경제를 주도하려면 세상을 흑백이 아닌 총천연색으로 볼 수 있어야 하는 것이다. 하지만 산업화세대와 민주화세대는 오랫동안 흑백논리에 길들여졌다. 흑백논리는 진영 대결을 거듭하면서 치유 불가능한 수준으로 강화되었다. 자신을 선으로 보면서 상대를 악마로 규정하는 데 너무나 익숙하다. 양쪽 모두 사람 중심 경제에 배치되는 사고 유형을 고수하고 있다.

촛불세대 눈에는 산업화세대는 말할 것도 없고 민주화세대조차도 정치적으로 무능해 보였다. 촛불시민혁명은 산업화세대가 주축이 된 낡은 보수 정치를 격파했다. 민심이 무능한 정치집단으로 규정짓고 심판한 것이다. 하지만 반대편에 있던 민주화세대는 낡은 보수 정치를 온전히 제압하지 못했다. 도리어 좌우 진영 대결에 말려들어 낡은 보수 정치의 회생을 도왔을 뿐이다. 산업화세대와 민주화세대를 향한 촛불세대의 비판적 시각은 두 세대의 막강한 권위에 눌려 크게 분출하지 못했다. 아직까지는 지표면 아래에서 마그마로 끓고 있지만, 분출은 시간문제다.

촛불세대는 사람 중심 경제로의 전환을 모색하며 좌우 구도를 넘어서는 지점에서 전혀 새로운 지평을 열 것이다. 그동안 보수 우파의 영역으로 간주되던 시장과 기업 경영을 자신의 세계 안으로 끌어들임으로써 자본 중심 경제 안에 갇혀 무기력해져가는 낡은 보수를 멀찌감치 밀어낼 것이다. 동시에 전통적 좌파와의 사상적 결별을 바탕으로 진보 세계를 완전 재구성할 것이다.

어느 모로 보나 촛불세대의 전면적 진출은 새로운 시대의 시작을 알리는 신호탄이다. 관련해서 간단히 짚어볼 사항이 있다.

촛불세대의 비판적 성향은 미래 지향적인 건강성의 표출이지만 불필요한 세대 대결을 야기할 소지도 있다. 이는 매우 경계해야 할 지점이다. 바로 여기서 이른바 '97세대'의 역할이 매우 중요해질 수 있다.

1970년대에 태어나 1990년대 대학을 다닌 97세대는 민주화세대 막내와 촛불세대 맏이로서의 정체성이 뒤섞여 있다. 흔히 말하는 '낀세대'로서 고초를 겪어온 셈이다. 이들은 진취성과 삶의 경륜을 바탕으로 우리 사회 중견 리더 집단으로 나설 수 있는 조건을 일정하게 갖추고 있다. 무엇보다 앞선 세대와 촛불세대 사이의 소통과 협력을 이끌어낼 수 있는 위치에 있다. 97세대의 리더십을 강화하기 위한 적극적 계획을 세워야 하는 이유이다.

촛불세대는 역사의 산물이면서 선물이다. 사람 중심 경제로의 전환을 추진할 강력한 에너지가 그들 안에 비축되어 있다. 더불어 촛불시민혁명을 거치면서 촛불세대의 꿈이 실현될 수 있는 사회적 토양도 함께 마련되었다. 촛불시민혁명은 광범위한 시민의 집단지성 속에 개방성, 수평성, 다양성으로 집약되는 사람 중심 경제 원리를 각인시킨 역사적 과정이었다. 촛불시민혁명이 미래

지향적 가치를 창출했다고 평가할 수 있는 근거이다.

지난날 인류 사회는 극단적 자본 중심 경제인 신자유주의의 광풍 속에 휩싸여 혹독한 경험을 치른 바 있다. 인류는 승자독식 논리를 앞세운 금융자본이 세상을 얼마나 야만스럽게 만들 수 있는지를 두 눈 뜨고 지켜봐야 했다. 정작 문제는 그다음부터였다. 신자유주의에 대한 비판 여론이 광범위하게 퍼지면서 신자유주의 스스로도 슬그머니 꼬리를 감추었다. 하지만 인류 사회는 신자유주의를 반대하면서도 이를 어떻게 넘어서야 할지 뚜렷한 답을 찾지 못했다. 아직까지도 인류 사회는 신자유주의가 휩쓸고 간 폐허 위에서 배회하고 있다. 그런 점에서 한국의 촛불시민혁명은 신자유주의 이후 새로운 세계를 여는 역사적 출발점이다.

이 모든 것은 한국이 세계사의 새 지평을 열 나라 가운데 하나임을 입증하는 증거이다. 한국으로부터 사람 중심 경제를 앞세운 전혀 새로운 형태의 평화적이고 아름다운 혁명이 시작될 것이다. 근대 이후 세계사의 중심이었던 서구 사회 관점에서 보자면 머나먼 변방에서 유쾌한 반란이 일어나는 것이다. 부디 그 주역이 될 촛불세대 앞에 영광의 길이 열리기를 소망한다.

# 집단지성을 기초로 함께 풀어야 할 숙제들

돌이켜 생각하면 딱히 내세울 만한 게 없는 삶을 살아온 듯싶다. 인생의 황금기를 진보적 사회운동에 바쳤으나 의미 있는 족적 하나 없이 허물만 남긴 꼴이다. 과거 몸담았던 영역이 혼돈 속에 빠져 있는 모습을 보면서 늘 책임 있는 당사자라는 마음을 안고 살아왔다. 새로운 미래 탐색을 둘러싸고 온갖 비난과 험담이 난무했으나 모두 자업자득이라 여기며 감수했다.

아무리 생각해도 나는 머리가 좋은 사람은 아니다. 단단히 미치지 않고는 자본주의와 사회주의 모두를 넘어서는 새로운 미래 탐색을 필생의 목표로 정할 수 없었다. 그런데도 미련스럽게 한순간도 포기 없이 여기까지 왔다. 그저 운명이라는 말밖에는 달리 설명할 길이 없다.

이제는 내 능력으로는 해결할 수 없을 것 같은 마음에 포기할까 말까 망설이던 와중에 코로나전쟁이 엄습하면서 극적인 반전이 일어났다. 마지막 순간에 하늘이 도왔다는 생각이 절로 든다. 시대가 어리석고 미련한 삶을 살아온 한 인간을 도구로 선택한 느낌이다.

결코 짧지 않은 여정을 거의 홀로 걸어오다시피 했다. 외로운 탐색은 이 시점에서 마침표를 찍었으면 한다. 그동안 푼 숙제보다 앞으로 풀어야 할 숙제가 비교할 수 없이 많다. 이 많은 숙제를 뜻을 같이하는 모든 사람들이 함께 풀어갈 수 있기를 갈구한다. 나보다 훨씬 뛰어난 후학들이 저마다의 영역에서 빛나는 성취를 일구어내기를 기대한다. 나는 미력하나마 낮은 자세로 일조할 것이다.

## 집단지성 기반의 비전 정립

함께 풀어야 할 가장 큰 숙제는 제시된 콘텐츠를 기반으로 국민적 공감을 얻을 비전을 만들어내는 것이다. 사람은 꿈을 먹고 사는 존재이다. 꿈이 있으면 배가 고파도 능히 참고 견디며 평소 없던 힘과 열정을 발휘한다. 대전환기는 경험과 지식만으로는 앞날을 헤쳐나갈 수 없는 시대이다. 국민들이 함께 꿀 수 있는 꿈으로서 비전 정립이 어느 때보다도 절실한 상황이다.

이 책을 관통하는 핵심 기조는 인식 체계 전환이다. 최대한 압축하면 크게 세 지점으로 나누어 이야기할 수 있다. 자본주의는 자본 중심 경제와 시장경제라는 두 범주로 구성되어 있다. 시장경제는 보편 기제이지만 자본 중심 경제는 수명이 다해가고 있다. 자본 중심 경제를 교체하려면 자본 중심 대 사람 중심이라는 새로운 프레임전쟁을 추진해야 한다.

만약 이러한 인식 체계 전환을 수긍하고 받아들인다면 세상을 전혀 다른 시각으로 해석할 수 있는 안목이 생긴다. 그 순간부터 독자적으로 문제를 포착하고 비판하면서 해답을 찾아내는 '자가 발전'이 시작된다. 독립적 지성들이 네트워크를 기반으로 상호작용하면 강력한 집단지성이 발휘될 수 있다. 시대가 요구하는 비전은 바로 그러한 과정을 거쳐 정립된다.

더 의식적이고 체계적으로 과정을 관리할 수 있다면 집단지성은 훨씬 강력하고도 효율적으로 발휘될 수 있다. 여기서 가장 유념해야 할 점은 '현장에 기반한 집단지성'이 되어야 한다는 사실이다. 역사의 변곡점을 통과하는 대전환기에는 과거 환경에서 형성된 지식이 더는 쓸모없는 무용지물로 전락할 가능성이 매우 크다. 실제로 수십 년 전 외국 유학을 통해 선진 문물을 습득했던 많은 지식인들이 심히 곤혹스러운 상황에서 남모를 가슴앓이를 하고 있다. 이럴 때는 죽은 지식의 창고에서 빠져나와 살아 있는 지식이 담긴 새로운 교과서를 찾아 나설 필요가 있다. 시대 변화를 가장 정확하면서도 가장 풍부하게 가장 역동적으로 새기고 있는 최고의 교과서는 바로 '현장'이다. 그중에서도 경영 현장이다. 경영 현장은 변화의 트렌드가 가장 먼저 가시화되는 곳이다. 이를 제대로 소화하지 못한 경영자는 일순간에 퇴출된다. 기업 경영자는 나이와 무관하게 꼰대가 되고 싶어도 될 수 없는 운명이다.

집단지성은 현장을 무대로 작동해야 한다. 수동적 반영이 아닌 변화와 혁신을 추구하는 능동적 작용이어야 한다. 현장의 눈으로 세상을 보면서 현장을 무대로 실험하고 검증된 결과를 축적해야 한다. 좋은 일자리 중심 경제 운영 등 사람 중심 경제의 운영 원리는 오직 현장을 무대로 실험 검증 과정을 거칠 때 일반화 가능한 동력을 확보할 수 있다.

집단지성을 기초로 한 비전 창출은 새로운 지식 체계 정립을 자극할 수밖에 없다. 사람 중심 경제로의 전환이 본격화하면 사람을 배제하고 화폐와 재화 흐름만을 다루던 낡은 경제학은 어쩔 수 없이 퇴장한다. 지금까지 유지되었던 경제학과 경영학의 경계선 또한 완전히 지워질 것이다. 사람을 중심에 놓고 경제학과 경영학이 하나로 어우러지는 '통합 이론' 정립이 필연적이다. 사람 중심 경제로의 전환 이후 기업 경영에서는 수학적 계산 능력보다 철학적 사유가 더 중요하고 유효해질 수 있다. 새로운 시대 환경에 맞는 경영철학 정립이 매우 절실한 과제로 떠오르고 있다. 뛰어난 후학들이 등장해 이러한 작업을 주도할 것이며 새로운 지식에는 그들의 이름이 붙을 것이다.

## 새로운 정치적 리더십 형성

현장을 무대로 가장 혹독하게 자신을 단련시켜야 할 사람은 정치
인들이다. 중국의 지도자 덩샤오핑은 그 선구자이다. 1970년대
후반 중국이 개혁개방에 본격 착수했을 무렵 이를 뒷받침해줄 이
론은 그 어디에도 존재하지 않았다. 본문에서 기술했다시피 그러
한 조건에서 덩샤오핑이 해답을 찾아 나선 곳은 현장이었다. 만
약 덩샤오핑이 현장에서 멀리 떨어져 상층부 논쟁에 골몰했다면
중국은 걷잡을 수 없는 분열과 혼란에 빠져들면서 소련과 크게
다르지 않은 운명에 직면했을 것이다.

철저하게 현장에서 답을 찾는 현장 중심주의를 바탕으로 대전
환기에 맞는 새로운 정치적 리더십이 확립되어야 한다. 대전환기
정치적 리더십은 기본적으로 세 가지 과제를 해결할 수 있어야
한다. 새로운 시대의 밑그림을 그릴 수 있어야 하고, 이에 대한 국
민적 공감을 이끌어낼 수 있어야 하며, 전문가들에게 역할을 배
분하고 지휘할 수 있어야 한다. 정치적 리더십이 전제되지 않은
상태에서 시야가 자기 분야에 갇혀 있는 전문가들이 전면에 나서
면 매우 위험한 결과를 초래할 수 있다.

무엇보다도 대전환기 정치적 리더십은 한국 사회가 지니고 있

는 잠재력을 정확히 파악하고 이를 폭발시킬 전략을 구사할 수 있어야 한다. 칭기즈칸이 이끈 몽골군을 예로 들어보자. 본문에서 기술했다시피 칭기즈칸이 이끄는 몽골 군대는 아무리 넉넉히 잡아도 20만 명을 넘지 않았다. 이 적은 군대로 광대한 세계 제국을 건설할 수 있었던 비결은 무엇일까? 이에 대해서 다양한 연구가 있어왔지만 무엇보다 유목 민족의 특성을 최대한 살린 점이 주효했다.

전쟁 수행에서 가장 어려운 과제의 하나는 보급 문제를 해결하는 것이었다. 고대 이래로 많은 수의 군대가 식량과 장비를 나르는 데 투입되었다. 수레와 가축을 이용해 이동하다 보니 속도도 제한되었다. 몽골군은 이 점에서 확연히 달랐다. 몽골군은 별도의 보급 부대를 운영하지 않았다. 전투 병사 각자가 가벼운 말린 말고기(육포)를 식량으로 지참했다. 기동성이 비교할 수 없이 뛰어날 수밖에 없었다. 여기에 가공할 속도가 더해졌다. 몽골 병사들은 어릴 적부터 말과 일체화된 생활을 해왔다. 달리는 말 위에서도 숙면을 취할 수 있다. 몽골 병사는 말 두 마리를 교대로 이용해 쉬지 않고 전력으로 달리는 데 능숙했다. 덕분에 하루 400킬로미터라는 당시로서는 상상할 수 없는 속도로 이동하기도 했다.

광활한 점령 지역이 형성되었을 때 가장 군침을 흘린 사람들은 열린 공간을 이용해 교역 이익을 추구할 수 있는 상인들이었다. 몽골군은 특혜를 제공하는 대신 이들 상인들을 정보원으로 활용했다. 몽골군은 상대의 동향을 정확히 파악한 상태에서 무시무시한 속도를 이용해 유린할 수 있었다. 예기치 않은 시점에 불시에 나타났다 홀연히 사라진 뒤 전혀 다른 방향에서 공격하기도 했다. 상대는 극도의 심리적 혼란 속에서 대처 능력을 완전히 잃었다. 침략과 파괴를 일삼은 군대를 예로 든 점이 다소 불편할 수 있지만 몽골군은 한 민족의 잠재력이 어떻게 폭발했는지를 생생하게 보여준다. 칭기즈칸이 보여준 리더십의 핵심이다.

촛불시민혁명과 코로나전쟁을 거치면서 한국은 역사의 경계선을 넘어서고 있다. 변방에서 벗어나 세계사의 국면 전환에 의미 있게 기여할 위상을 확보해가고 있다. 축적된 잠재력을 폭발시켜야 할 시기가 온 것이다. 그에 필요한 전략을 수립하고 환경을 만들어야 할 일차적 책임이 정치권에 있다.

현재 한국의 정치권은 이러한 리더십을 제대로 갖추고 있지 못하다. 어떻게 하면 유권자들의 환심을 살지에 모든 고민의 초점을 맞추고 있는 느낌이다. 국민이 어떻게 자신의 잠재력을 폭발시키면서 시대의 주역으로서 존재 가치를 확인할 수 있는지 깊이 고민하지 않는다. 국민을 진정한 주인으로 인식하지 않는다. 정치가 줄곧 저평가되는 결정적 이유이다.

간단한 예로 성장 동력에 대한 시각은 정치권의 현주소를 압축적으로 보여준다. 문화·뷰티·의료산업 등에서 놀라운 성장 잠재력이 분출되어왔지만 이를 전략적으로 접근한 정치인은 찾아

보기 힘들다. 어쩌면 사고가 과거 유산에 결박되어 있기에 빚어진 필연적 결과일 수도 있다.

대전환기를 맞이해 새로운 시대를 열 새로운 정치적 리더십을 형성해야 한다. 낡은 진영 논리로부터 자유로우면서 새로운 시대에 맞는 사유 체계와 감수성을 갖추어야 한다. 탄탄한 글로벌 마인드를 바탕으로 시대를 관통하는 전략적 사고를 할 수 있어야 한다. 다수 국민들이 상생 협력하는 방향에서 공동의 목표를 향해 열정을 불태울 수 있도록 해야 한다.

여전히 경험 지식에 의존하는 기존 세대에서 새로운 정치적 리더십이 형성되기는 확률적으로 쉽지 않다. 이들은 대전환기 필수 덕목인 통찰력과 예지력이 너무 취약하다. 통찰력과 예지능력은 10년 20년 앞을 내다보고 움직일 때 얻어질 수 있는데 눈앞의 목표에 집착하기 쉬운 세대가 겪는 어쩔 수 없는 현상이다. 기득권의 포로가 되어 있는 조건에서 대전환기가 요구하는 전면적 변화와 혁신을 추구하기도 쉽지 않다. 도리 없이 기득권에 대한 집착으로부터 상대적으로 자유로우며 나이에 비추어 10년 20년 앞을 내다보고 살 수밖에 없는 촛불세대를 중심으로 혁신적 리더십이 새롭게 창출되어야 한다. 세계적 추세에 맞추어 과감하게 중심축을 이동시킬 필요가 있다.

## 개방적 소통 네트워크 구축

그 어느 때보다 소통이 강조되는 시대이다. 소통은 일방향이 아닌 쌍방향으로 이루어진다. 더욱 중요한 점은 소통은 상이하고 이질적인 사람들 사이에 이루어진다는 사실이다. 요즘 SNS를 기반으로 정치적 시각이 비슷하거나 동일한 사람들 사이의 소통이 크게 유행하고 있는데 이는 진정한 의미에서 소통이라고 할 수 없다. 도리어 원활한 소통을 가로막는 장벽 기능이 더 크다. 이에 대한 냉정한 성찰이 필요하다. 재레드 다이아몬드의 저작『대변동』은 미국 정치가 타협과 협력이 없는 극단적인 대결로 치닫고 있는 중요한 이유 중 하나로 SNS 활동을 꼽고 있다. 같은 편끼리 소통에 매몰되면서 자신들의 시각이 대세라고 착각할 소지가 매우 크다. 더불어 상대편과의 타협을 용납하지 않는 분위기가 지배하기 매우 쉽다. 결코 남의 나라 이야기라고 치부할 수 없는 형편이다.

한국은 날로 험악해지고 있는 국제 환경에서 어렵사리 독자적 생존 공간을 확보해야 하는 처지이다. 그 무엇보다 다수 국민의 지혜와 힘을 최대한 결집해야 하는 과제가 놓여 있다. 이질적 지점들 사이의 소통이 더없이 절실하다. 새로운 시대를 이끌어갈 리더십, 그중에서 정치적 리더십은 이를 위해 사력을 다해 노력해야 한다. 그럴 때 촛불시민혁명을 온전히 계승할 수 있다.

무엇보다도 국가 영역을 책임질 정치인과 시장 영역을 책임질 경영자의 소통, 중소 벤처기업 내 작업자와 경영자의 소통, 기존 세대와 새로운 세대의 소통, 진보와 보수의 소통이 더없이 중요하다. 사람 중심 경제로의 사회적 합의도 이러한 소통이 원활하게 진행되고 확산되는 조건에서 성숙할 수 있다.

새로운 시대에 부합하는 소통 흐름은 하루아침에 형성되지 않는다. 의식적이고 지속적인 훈련을 통해 노하우가 축적되고 문화로 정착되어야 한다. 이를 보장할 개방적 소통 네트워크를 구축하는 일이 절실히 필요하다.

집단지성에 기반한 비전 창출, 새로운 정치적 리더십 형성, 개방적 소통 네트워크 구축은 그 형태에 관계없이 상호 의존적인 하나의 흐름 속에서 통합적으로 추진될 수밖에 없을 것이다. 개방적 소통 네트워크 참가자는 모두 집단지성의 주체이다. 새로운 정치적 리더십 형성은 집단지성이 함께 만들어가는 작품이 되어야 한다. 이에 대한 포괄적 구상을 세우고 실현시키는 과정에서 새로운 시대를 이끌 '차세대 주자'도 탄생하리라 본다.

비전, 정치적 리더십, 소통 네트워크 세 가지 요소가 융합되면 시멘트·철근·자갈이 섞여 철근콘크리트를 형성하는 것처럼 강력한 대안 흐름으로 떠오를 수 있다. 여론 지형의 획기적 변화와 더불어 정치권 전반의 혁신적 재구성도 능히 기약할 수 있다. 코로나전쟁 이후 세상은 모든 사람의 예측을 뛰어넘어 변모할 것이다. 남다른 역동성을 지닌 한국 사회는 더 말할 나위도 없다. 과거의 연장에서 내일을 기약하는 것처럼 바보스러운 일은 없다.

대전환기 미래는 오롯이 자신의 삶을 역사의 진행 방향과 일치시키며 한 걸음 앞서 준비하는 자의 것이다. 기회는 모두에게 열려 있다. 부디 변화를 선도하는 시대의 주역이 되기를 바란다.